"हम पुण्य भूमि भारत की संतान हैं, जिनका जीवनकार्य तथा प्रयत्न मानव वंश की दिव्यता तथा पौरुष के प्रति विश्वास जगाना है, इसलिए हम सब लोग जहां भी हों, अपनी संस्कृति का दिव्य प्रकाश हृदयों में जाग्रत रखें। प्रत्येक व्यक्ति अपनी शक्ति के अनुसार संसार की अन्य प्रकाश किरणें समेटे, जिसके कारण एक ऐसी प्रचंड अग्निज्वाला का निर्माण हो, जो समस्त संसार से अंधकार और दु:ख को नष्ट कर दे।"

–श्री गुरुजी गोलवलकर

राष्ट्रीय जीवनी माला

श्री गुरुजी गोलवलकर

हरीश दत्त शर्मा

डायमंड बुक्स

प्रकाशक : डायमंड पॉकेट बुक्स (प्रा.) लि.
X-30 ओखला इंडस्ट्रियल एरिया, फेज-II
नई दिल्ली-110020
फोन : 011-40712200
ई-मेल : sales@dpb.in
वेबसाइट : www.diamondbook.in

Shri Gurujee Golvalkar
By : Harish Dutt Sharma

दो शब्द

माधवराव सदाशिवराव गोलवलकर श्री गुरुजी—**राष्ट्रीय स्वयंसेवक संघ** के दूसरे सरसंघचालक थे। इकहरी देह, कंधों पर झूलती काली-घुंघराली केशराशि और चेहरे पर ठहरी मधुर मुस्कान उन्हें साक्षात् किसी देवदूत-सा दर्शाती थी। उनके मार्गदर्शन में संघ ने दिन-दूनी रात-चौगुनी उन्नति की और देशहित से जुड़े अनेक बड़े कार्य किए।

श्री गुरुजी ने अपना सारा जीवन संघ और देश के प्रति निःस्वार्थ रूप से अर्पित कर दिया था। कश्मीर समस्या, असम समस्या, बंटवारे की समस्या और उसके बाद की समस्याएं - भूख, अकाल, बेकारी आदि सभी के लिए उन्होंने डटकर कार्य किया था और तत्कालीन सरकार से भी अपनी बुद्धि और कार्यक्षमता का लोहा मनवा लिया था।

'शांताकारं भुजगशयनम्'—पुराणों में यह श्लोक विष्णुजी के बारे में आया है, जिसका अर्थ है—सांप के ऊपर शय्या लेकिन आकृति बड़ी शांत, परंतु श्री गुरुजी का इस प्रकार का आचरण उनके निकटस्थ लोगों ने प्रत्यक्ष देखा है।

संघ के दर्शन, चिंतन व भूमिका के कारण आज भी सारे विश्व में उनकी धाक, आदर, सत्कार और सम्मान है। **'समाज बड़ा, बाकी सब छोटे'**—इस आधारभूत, नींव के स्तर की भूमिका को श्री गुरुजी ने अपने जीवनकाल में आग्रहपूर्वक प्रस्तुत किया।

श्री गुरुजी कार्यमात्र के संपादन के प्रति समर्पित थे, प्रचार, आदर, मान, सम्मान की उन्हें जरा भी चाह नहीं थी। सन् 1972, मई की बात है। ग्वालियर में मध्य भारत प्रांत का संघ शिक्षा वर्ग चल रहा था। इस

अवसर पर श्री गुरुजी को 'राष्ट्रीय सुरक्षा के मोर्चे पर' नामक पुस्तक भेंट की गई। उक्त पुस्तक में भारत-पाक युद्ध के समय राष्ट्रीय स्वयंसेवक संघ के स्वयंसेवकों की सेवाओं की जानकारी दी गई थी। पुस्तक के पन्ने उलटकर श्री गुरुजी ने कहा—"इस प्रकार की पुस्तक को मैं स्वीकार नहीं कर सकता। यदि कोई पुत्र अपनी मां की सेवा करने का समाचार प्रकाशित करे तो क्या उसे योग्य माना जाना चाहिए? स्वयंसेवकों ने अपने स्वाभाविक कर्तव्य को पूर्ण किया है। फिर उसका प्रचार किसलिए?"

33 वर्षों तक श्री गुरुजी के मार्गदर्शन में संघ कार्य चला। इस दौरान चतुर्दिक भीषण संकट के प्रसंग आए। उन सभी संकटों को परास्त कर संघ का आज जो विशाल स्वरूप है, सम्पूर्ण जीवनव्यापी दर्शन है, हिंदू समाज में जो एक नई चेतना का संचार हुआ। हम देखते हैं, इसका श्रेय यदि किसी एक व्यक्ति को देना हो तो उसके अधिकारी श्री गुरुजी हैं।

इस पुस्तक में उन्हीं महान, प्रात: स्मरणीय श्री माधवराव सदाशिवराव गोलवलकर श्री गुरुजी की अनंत जीवनगाथा को प्रस्तुत करने का प्रयास किया गया है। आशा है, पाठकों को यह पुस्तक अवश्य रुचिकर लगेगी। अपने अमूल्य सुझावों से अवश्य अवगत कराएं।

– लेखक

विषय-सूची

अध्याय-1

जीवन परिचय

माधवराव सदाशिवराव गोलवलकर अर्थात् श्री गुरुजी राष्ट्रीय स्वयंसेवक संघ के द्वितीय सरसंघ चालक रहे। प्रारंभ से ही वे उच्चाकांक्षी थे और अपनी प्रतिभा के बल पर बाल्यकाल से ही उन्नति करते हुए इस उच्च पद तक पहुंचे।

शक संवत् 1827, माघ कृष्ण एकादशी अर्थात् 19 फरवरी, 1906 सोमवार के दिन श्रीमती लक्ष्मीबाई ने एक पुत्र को जन्म दिया। सारे घर में खुशियों का संचार हो गया। सभी प्रसन्न थे। इस बालक का नाम माधव रखा गया। माधव के मामा का नाम बालकृष्ण पंत रायकर था। माधव की माता अपने भाई बालकृष्ण पन्त के घर में थीं जब माधव का जन्म हुआ। माधव के पिता का नाम श्री सदाशिव राव था। सदाशिव राव के यहां नौ सन्तानें हुईं जिनमें से केवल दो ही जीवित बचीं। बाकी अल्पायु में ही स्वर्ग सिधार गईं। माधवराव अपने पिता को भाऊजी एवं माता को ताई कहते थे।

माधव के पूर्वज पंडित श्री काशीनाथ अनन्त जी ने "धर्म सिन्धु सार' नामक महान ग्रन्थ की रचना की थी। इनके दादा का नाम श्री बालकृष्ण पंत था। आप कवर्धा नामक रियासत के न्यायालय में कार्य करते थे। उनके पिता डाक तार विभाग में कार्य करते थे, लेकिन बाद में उन्होंने उस नौकरी को त्याग दिया था।

माधव को बचपन में मधु कहकर बुलाया जाता था। प्यार से उनका यह नाम रख दिया गया था। मधु ने बचपन में ही अपनी प्रतिभा को प्रदर्शित कर

दिया था। जब उसके पिता ने उन्हें "श्रीराम रक्षा स्तोत्र' पढ़ने को दिया था तो वे उसे सही ढंग से नहीं पढ़ सके क्योंकि वह संस्कृत में था, अत: उनके पिता ने उसे पढ़कर सुनाया तो मधु ने उसे सुनकर ही कंठस्थ कर लिया।

शिक्षा-दीक्षा–

माधव प्रतिभाशाली तो थे ही अत: स्कूल में भी उन्होंने अपनी प्रतिभा की छाप छोड़ी। वे स्कूल में सबसे प्रतिभाशाली छात्र के रूप में उभरे। भाषण प्रतियोगिता हो या कोई अन्य स्पर्धा, वे सभी में प्रथम आते।

आपने वर्ष 1919 में मिडिल कक्षा उत्तीर्ण की और छात्रवृत्ति भी प्राप्त की। वर्ष 1922 में चांदा (अब चंद्रपुर) नामक स्थान के जुबिली हाई स्कूल से मैट्रिक परीक्षा उत्तीर्ण की। उनकी प्रतिभा व योग्यता को देखते हुए उनके पिता श्री सदाशिव राव ने विचार-विमर्श कर माधव को पूना में फर्ग्युसन महाविद्यालय में, डॉक्टरी की पढ़ाई के लिए भर्ती करवाया लेकिन उस विश्वविद्यालय के नियमों के कारण वे वहां न पढ़ सके और वापस आ गए। तत्पश्चात् उनके पिता ने उन्हें नागपुर के हिस्लाप विद्यालय में प्रवेश दिलवाया। यहां भी उन्होंने अपनी प्रतिभा का लोहा मनवाया और सारे विद्यालय में ख्याति प्राप्त की और वर्ष 1924 में आपने विज्ञान विषयों के साथ इंटर की परीक्षा उत्तीर्ण की और साथ ही अंग्रेजी में विशेष योग्यता भी प्राप्त की।

वर्ष 1924 में आपने काशी हिंदू विश्वविद्यालय में बी.एससी. के लिए प्रवेश लिया और वर्ष 1926 में बी.एससी. करने के बाद आपने प्राणीशास्त्र में एम.एससी. में प्रवेश लिया और वर्ष 1928 में प्रथम श्रेणी से एम.एससी. उत्तीर्ण की।

काशी हिन्दू विश्वविद्यालय की स्थापना वर्ष 1916 में पंडित मदन मोहन मालवीय ने की थी। इस विश्वविद्यालय के पुस्तकालय में एक लाख से अधिक ग्रन्थ संग्रहीत थे। जिसमें संस्कृत के महाकाव्य, श्री रामकृष्ण परमहंस आदि महापुरुषों के विचारों का संग्रह आदि, भारतीय संस्कृति और भारतीय महापुरुषों से सम्बन्धित अनेक ग्रन्थ सुरक्षित थे।

माधव राव ने पुस्तकालय में रखे इस ज्ञान के भंडार का भरपूर लाभ उठाया। अर्थात् उन्हें ज्ञान प्राप्त करने की असीम लालसा थी और वे निरंतर अध्ययन में लगे रहते थे। अध्ययन के समय वे दीन दुनिया से परे रहते थे। भूख-प्यास से उन्हें कोई मतलब नहीं रहता था। पूर्ण एकाग्रता से वे अध्ययन में लगे रहते थे।

एम.एससी. के बाद आप "मत्स्य जीवन' विषय पर शोध कार्य के लिए मद्रास (चेन्नई) गए और एक वर्ष तक शोध में लगे रहे लेकिन पारिवारिक परेशानी के कारण यह कार्य पूर्ण नहीं कर सके और वापस आ गए। अध्ययन के साथ-साथ उन्हें पत्र लिखना और पत्र पढ़ना विशेष रूप से भाता था। पत्र लिखते समय वे मात्र औपचारिकता नहीं निभाते थे अपितु पत्र को विस्तृत रूप से एवं सभी जानकारियों सहित लिखते थे ताकि पढ़ने वाला भी वहां की स्थिति से भली-भांति परिचित हो जाए और उसके मन में कोई शंका न बचे कि 'अरे! यह विषय तो छूट गया। इसका उल्लेख तो हुआ ही नहीं।'

उनके पत्रों से उनके विचारों, उनके अंतर्मन को समझा जा सकता है। ऐसा ही एक पत्र उन्होंने फरवरी, 1929 में अपने मित्र बाबूराव तेलंग को संबोधित करके लिखा था जिसमें मन के विचार प्रकट किए। उनके मन में विचार आया कि माया-मोह को त्याग कर हिमालय पर जाकर साधना में लीन होना चाहिए। उसी विचार पर मन के अंतर्द्वंद्व का समाधान उन्होंने अपने पत्र में किया। वह पत्र कुछ इस प्रकार था-

"मेरा हिमालय पर चले जाने का पहले का विचार कदाचित् शुद्ध नहीं था। इस संसार में रह कर ही दुनियादारी के व्याघातों को सहते हुए तथा उसके सभी कर्तव्यों-कर्मों को व्यवस्थित रूप से निभाते हुए मैं अब अपने रोम-रोम में संन्यस्त्र वृत्ति को व्याप्त करने का प्रयास कर रहा हूं। अब मैं हिमालय नहीं जाऊंगा, हिमालय ही स्वयं मेरे पास आएगा, उसकी शान्ति और नीरवता ही मेरे मन के भीतर रहेंगे।"

इस पत्र के माध्यम से उन्होंने कितनी बड़ी बात प्रकट की है कि शान्ति प्राप्त करने के लिए हिमालय पर जाने की क्या आवश्यकता है,

अपने पर ऐसा नियंत्रण करो, इन्द्रियों को ऐसा वश में करो कि हिमालय की शांति और नीरवता स्वयं आपके पास अर्थात् आपके मन में स्थापित हो जाए और खुले शब्दों में कहा जाए तो हिमालय स्वयं आपके पास आए। ऐसे उच्च विचार, साहित्य, अध्यात्म आदि से संबंधित विषय पर वे पत्र लिखते थे।

एक अन्य पत्र के माध्यम से देशभक्तों के प्रति उनकी श्रद्धा, उनकी देशभक्ति एवं देश के लोगों को जाग्रत करने के विचारों का पता लगता है। यह वह समय था जब देश की स्वतंत्रता के लिए संघर्ष प्रारंभ था। युवा क्रांतिकारी पूरे साहस व उमंग के साथ अंग्रेजों की नींद उड़ाए हुए थे। तभी युवा क्रान्तिकारियों ने लाहौर में अंग्रेज अधिकारी-पुलिस कप्तान सांडर्स की हत्या कर अंग्रेजों को हिला कर रख दिया था। इन युवा क्रांतिकारियों के इन धमाकेदार कार्यों के कारण ही अंग्रेजी साम्राज्य की नींव हिलने लगी थी। इसी लाहौर के कांड की चर्चा उन्होंने अपने एक पत्र में की है। वह पत्र भी उन्होंने अपने मित्र श्री तेलंग को लिखा था। इस विषय पर उन्होंने लिखा था—"आपने लाहौर का विस्फोट सुना। अतीव धन्यता अनुभव हुई। आंशिक रूप में ही क्यों न हो, उन्मत्त विदेशी शासकों द्वारा किए गए राष्ट्रीय अपमान का परिमार्जन हुआ, यह बहुत सन्तोष की बात है। लोगों में राष्ट्रीय चेतना जगानी होगी। हिन्दुओं एवं मुसलमानों के बीच वास्तविक ज्ञान कराना होगा। ब्राह्मण-अब्राह्मण के बीच के विवाद को समाप्त करना होगा। मैं कोई बड़ा नेता अथवा कार्यकर्ता नहीं हूं, लेकिन प्रत्येक को इस कार्य में सहयोग देना ही चाहिए।"

यह पत्र उनकी देशभक्ति की भावना को प्रदर्शित करता है। साथ ही आपसी सौहार्द एवं हिंदुओं के प्रति भावना को दिखाता है। यही उनके मन की महान भावना, उन्हें महान बनाने के कर्तव्य पथ पर निरंतर आगे की ओर बढ़ाती रही।

इस प्रकार माधवराव जी का जीवन व्यतीत होने लगा। वर्ष 1931 में आपने काशी हिंदू विश्वविद्यालय में अध्यापन का कार्य प्रारम्भ किया। वहां आप प्राणी-शास्त्र के प्राध्यापक थे लेकिन इसके अतिरिक्त वे अन्य विषय

अंग्रेजी, अर्थशास्त्र आदि भी पढ़ाते थे। अध्यापन कार्य प्रारंभ करने से उनका नया जीवन प्रारम्भ हुआ। वे अपने व्यवहार, सरल हृदय, सबकी सहायता करना आदि जैसे गुणों के कारण समस्त विश्वविद्यालय में प्रसिद्ध हो गए और यहां सभी छात्र, उन्हें 'गुरुजी' कह कर पुकारने लगे। यह गुरुजी शब्द उनसे जीवन भर जुड़ा रहा और उनकी सशक्त पहचान भी बन गया। विश्वविद्यालय में वे आवश्यकता पड़ने पर छात्रों की सहायता भी करते थे। साथ ही वे स्वयं भी अध्ययन में लगे रहते। यहीं अध्यापन कार्य करते हुए उनके जीवन की महत्त्वपूर्ण घटना घटी। उनका सम्पर्क यहां संघ से हुआ।

विश्वविद्यालय में श्री भैयाजी दाणी ने संघ की शाखा लगाई। श्री गुरुजी ने भी इसमें भाग लिया। (अब माधव राव जी को उनकी उपाधि 'गुरुजी' से ही संबोधित करना उचित होगा) इस प्रकार गुरुजी का झुकाव संघ शाखा की ओर हुआ और वे संघ-शाखा में जाने लगे और जल्दी ही अपने व्यवहार के कारण उन्होंने संघ के स्वयंसेवकों के हृदय में अपनी जगह बना ली और सभी के चहेते बन गए। धीरे-धीरे वे शाखा के कार्यों में विशेष रुचि लेने लगे और सभी कार्यों में भागीदारी करने लगे। अब एक तरह से गुरुजी संघ के ही हो गए थे।

काशी हिंदू विश्वविद्यालय से वर्ष 1933 में जब वे अपने घर रामटेक (नागपुर) वापस आए तब आगे की योजना पर विचार-विमर्श किया। तब इनकी माता जी ने इन्हें वकील बनने की प्रेरणा दी जो गुरुजी को भी भा गई। अत: उन्होंने नागपुर विश्वविद्यालय से 1935 में एल.एल.बी. की परीक्षा उत्तीर्ण की। तत्पश्चात् वकालत प्रारम्भ की। लेकिन यहां भी संघ से उनका नाता समाप्त नहीं हुआ और न ही मोह भंग हुआ।

1934 में नागपुर के तुलसीबाग में संघ-शाखा लगाई जाती थी; संघ के प्रति गुरुजी के बढ़ते प्रेम, कार्य, लगाव एवं निष्ठा के कारण उन्हें वहां की शाखा का कार्यवाह बना दिया गया। इस तरह संघ के लोगों का उनमें विश्वास बढ़ता गया। गुरुजी का कार्यक्षेत्र बढ़ता गया। साथ ही सांसारिक मोह से भी उनका मन हटता जा रहा था और ध्यान-साधना की ओर झुकाव बढ़ता जा रहा था।

वर्ष 1936 में जब रामकृष्ण मठ के अध्यक्ष स्वामी श्री अखंडानंद जी नागपुर आए तब, गुरुजी का रामकृष्ण मिशन की ओर झुकाव होने के कारण वे स्वामी जी से मिले और दीक्षा देने को कहा। स्वामी जी ने इसके लिए उन्हें सारगाछी (कोलकाता) बुलाया।

निश्चित समय पर गुरुजी सारगाछी पहुंचे और स्वामी अखंडानंद जी के आश्रम पहुंचकर उनसे आशीर्वाद प्राप्त किया और आश्रम के अन्य भक्तों की भांति सेवा करने लगे। उनकी सेवा भावना को देख अखंडानंद स्वामी जी ने उन्हें दीक्षा देने के लिए दिन निश्चित कर दिया। इससे गुरुजी की खुशी दोगुनी हो गई और वे दोगुने उत्साह के साथ आश्रम में जो स्वामी जी बताते; उस कार्य को सच्ची लगन से करते एवं अपने मुख पर तनिक भी शिकन नहीं आने देते।

13 जनवरी, 1937 के दिन स्वामी अखंडानंद जी से गुरुजी ने दीक्षा प्राप्त की। दीक्षा प्राप्त करने के बाद गुरुजी के मन में क्या विचार उत्पन्न हुए वे इस प्रकार हैं–

"सुवर्णाक्षरों में अंकित करने योग्य मेरे जीवन का वह संस्मरणीय दिन था, क्योंकि असंख्य जन्मों के पश्चात् प्राप्त होने वाला सौभाग्य मुझ पर प्रसन्न हुआ था। सद्गुरु की असीम कृपा से उस दिन का अनुभव अत्यंत पवित्र है, जो शब्दों में व्यक्त कर पाना सम्भव नहीं है। सद्गुरु का वह स्पर्श, उनका वह प्रेम, अपना दैवी प्रसाद मुझे देते समय उनका संपूर्ण आविर्भाव, इसमें से किसी का भी मुझे विस्मरण होना, असंभव है। मेरा सारा शरीर रोमांचित हो रहा था। मुझे अनुभव हुआ कि मैं संपूर्णतः बदल गया हूं। जो मैं एक मिनट पूर्व था, वह अब नहीं रहा हूं, मैं पूर्ण रूप से बदल गया हूं।"

इस प्रकार गुरुजी ने अपनी भक्ति तथा सेवा भाव से स्वामी जी को प्रसन्न कर उनसे दीक्षा प्राप्त की और अपने विचारों को इस प्रकार व्यक्त किया। दीक्षा के बाद भी वे स्वामी जी के आश्रम में पूर्व की भांति सेवा कार्य करते रहे। आश्रम में ही गुरुजी ने अपने केश एवं दाढ़ी

बढ़ाए। स्वामी जी ने गुरुजी को आदेश दिया कि इन बढ़े हुए केश और दाढ़ी को कभी मत कटवाना। गुरुजी ने उनकी इच्छा (आज्ञा) का जीवनभर पालन किया।

गुरुजी आश्रम में निष्काम भाव से स्वामीजी की सेवा करते। लेकिन कुछ समय पश्चात् स्वामीजी का स्वास्थ्य बिगड़ता चला गया और फिर ठीक नहीं हुआ और अन्त में 1937 में 7 फरवरी के दिन स्वामी जी स्वर्ग सिधार गए।

कुछ समय पश्चात् गुरुजी आश्रम से नागपुर लौट आए।

स्वामी श्री अखंडानंद जी के स्वर्ग सिधारने का गुरुजी को गहरा दु:ख था; अत: कुछ दिन तो इस सदमे से उबरने में लगा।

इसी दौरान गुरुजी का डॉ. हेडगेवार के साथ सम्पर्क हुआ जो कि संघ के संस्थापक एवं सर संघचालक थे।

डॉ. हेडगेवार गुरुजी के कार्यों से भली-भांति परिचित थे और वे उन्हें संघ का भावी सरसंघचालक मानने लगे थे। उनका स्वास्थ्य भी ठीक नहीं चल रहा था। गुरुजी के रूप में उन्हें नई ऊर्जा प्राप्त हुई थी।

श्री बालासाहब देवरस द्वारा लिखित **'हिन्दू संगठन और सत्तावादी राजनीति'** के अनुसार डॉ. हेडगेवार की प्रसन्नता स्पष्ट हो जाती है। श्री बालासाहब देवरस के अनुसार—

"वर्ष 1938 से डॉक्टर साहब (हेडगेवार) संघ के कार्य के बारे में कुछ चिंतित दिखाई देने लगे थे। एक तो वे स्वस्थ नहीं थे जिसके कारण वे इच्छित भ्रमण नहीं कर पाते थे, दूसरे संघ का अपेक्षित विस्तार उस समय नहीं हो पाया था। गुरुजी के साथ संपर्क बढ़ने पर वे प्रसन्न हुए और हम लोगों से कहने लगे कि मुझे अंग्रेजी एवं हिन्दी—दोनों भाषाओं में धाराप्रवाह विचार रख सकने की क्षमता वाला ऐसा पुरुष मिल गया है। हम लोगों ने जब गुरुजी का प्रथम अंग्रेजी भाषण सुना, तब उनका अंग्रेजी भाषा पर असाधारण प्रभुत्व देखकर हम स्तम्भित रह गए। हेडगेवार जी के

व्यक्तित्व में ऐसा कुछ अवश्य था कि एक बार मिलने के लिए आया हुआ व्यक्ति बार-बार उनके संपर्क में आने की इच्छा करने लगता। गुरुजी के साथ भी वही हुआ। वे भी डॉक्टर जी की ओर धीरे-धीरे आकृष्ट होते चले गए।"

डॉ. साहब की श्रद्धा गुरुजी में बढ़ती जा रही थी। गुरुजी भी पूर्ण निष्ठा के साथ संघ के कार्यों में भागीदारी कर रहे थे। संघ के शिक्षा वर्ग में भी प्रमुख की भूमिका निभा रहे थे।

कोलकाता में संघ की शाखा नहीं थी, अत: वहां पर शाखा खोलने एवं संघ का प्रचार-प्रसार करने का कार्य गुरुजी को सौंपा गया। गुरुजी ने डॉ. साहब की आज्ञानुसार कोलकाता जाकर 1939 में संघ की शाखा खोली और प्रचार-प्रसार का कार्य प्रारम्भ किया। पूर्ण लगन से उन्होंने वहां भी संघ का अच्छा प्रचार किया। लेकिन वे वहां ज्यादा नहीं रुक सके और पुन: नागपुर लौट आए।

नागपुर में शिक्षा वर्ग में गुरुजी के साथ डॉ. साहब (हेडगेवार) भी थे। गुरुजी ने शिक्षा वर्ग पर अपनी अमिट छाप छोड़ी। उनके विचारों को सुनकर डॉ. साहब ने अपने एक सहयोगी से कहा कि यदि गुरुजी को सरसंघ चालक बनाया जाए तो कैसा रहेगा? यह सुनकर सहयोगी भी प्रसन्न हो उठे और बोले-बहुत अच्छा रहेगा। इस प्रकार डॉ. साहब ने उन्हें एक तरह से नया सरसंघ चालक नियुक्त कर दिया था। लेकिन यह बात अभी सार्वजनिक नहीं की गई थी।

नागपुर के शिक्षा वर्ग में डॉ. साहब का स्वास्थ्य खराब होने के कारण वे लगभग पन्द्रह दिनों से वहां नहीं जा सके थे। इस बात का उन्हें बहुत कष्ट था। किंतु उनसे इस प्रकार रहा नहीं गया, तब उनकी इच्छा पर स्वयंसेवक उन्हें शिक्षा वर्ग में लाए। शिक्षा वर्ग में आकर उन्हें प्रसन्नता हुई।

वहां 9 जून, 1940 को हेडगेवार जी ने जो भाषण दिया वह इस प्रकार था-

"आज आपके सामने मैं हिन्दू राष्ट्र की एक छोटी-सी प्रतिमा देख

रहा हूं। मैं यहां कुछ अधिक बोल नहीं पाऊंगा। मेरा आपसे इतना ही कहना है कि हममें से प्रत्येक स्वयंसेवक संघ कार्य को ही अपने जीवन का प्रमुख कार्य समझे और इसी मार्ग पर चलते-चलते अपने हिन्दू समाज को इतना शक्तिशाली बनाए कि दुनिया की कोई शक्ति हिन्दू समाज की ओर तिरछी नजरों से देखने का साहस न जुटा पाए। संघ कार्य ही मेरे जीवन का महती कार्य है। इस मंत्र को अपने हृदय में अंकित कर सारे कार्यकर्ता अपने-अपने स्थान पर लौटें। इस विश्वास के साथ मैं आपको विदा कर रहा हूं।"

चालीस दिन तक लगे इस शिक्षा वर्ग की समाप्ति पर डॉ. साहब का यह भाषण एक तरह से उनका अन्तिम भाषण साबित हुआ। शिक्षा वर्ग की समाप्ति पर सभी कार्यकर्ता सभी से अश्रुपूर्ण किन्तु उत्साह से विदाई लेकर अपने अपने स्थान पर लौट गए।

डॉ. हेडगेवार का स्वास्थ्य दिन-प्रतिदिन बिगड़ता जा रहा था। उन्हें मेयो अस्पताल में भर्ती किया गया। डॉक्टरों के एक दल ने उनका परीक्षण किया लेकिन फिर भी उन्हें स्वास्थ्य लाभ नहीं मिल पा रहा था। 18 जून के दिन उन्हें बाबा साहब घट्टे के यहां लाया गया। डॉ. हेडगेवार की देखभाल की यहां पूर्ण व्यवस्था की गई थी। लोग उनसे मिलकर उन्हें परेशान न करें इसका विशेष ध्यान रखा गया था लेकिन डॉ. साहब की इच्छा थी कि जो भी उनसे मिलने आए, उसे मिलने दिया जाए।

20 जून के दिन डॉ. साहब का पुनः स्वास्थ्य परीक्षण हुआ। लेकिन स्वास्थ्य ठीक होने का नाम नहीं ले रहा था। उनकी रीढ़ की हड्डी में पानी था। डॉक्टरों ने उसे निकालने का निर्णय लिया। उससे पहले डॉ. साहब ने गुरुजी को अपने पास बुलवाया और कहा—"देखिए अब तो डॉ. लंबर पंक्चर (कमर से संबंधित) करने को कह रहे हैं। यह स्थिति आ गई है अगर मैं इससे बचा तो ठीक है नहीं तो आगे से संघ का कार्य आप को ही संभालना है।"

गुरुजी यह सुनकर दुःखी हो गए और बोले—"डॉक्टर साहब! आप

यह क्या कह रहे हैं? ऐसा कुछ न कहें; आप ठीक हो जाएंगे।"

डॉक्टर साहब हंसते हुए बोले—"वह सब ठीक है लेकिन अभी मैंने जो कहा उसे ध्यान में रखें।"

तत्पश्चात् शाम के समय डॉक्टरों ने डॉ. साहब की रीढ़ की हड्डी से पानी निकाला जो डॉ. साहब के लिए घोर पीड़ादायक था। सभी को लगा कि अब डॉ. साहब का अन्तिम समय निकट है। लोगों को सूचनाएं प्रेषित कर दी गईं। सभी धीरे-धीरे आने लगे। अंततोगत्वा प्रातः 9.27 पर डॉ. केशवराव बलिराम हेडगेवार जी की आत्मा परमात्मा में विलीन हो गई।

इस प्रकार राष्ट्रीय स्वयंसेवक संघ के संस्थापक डॉ. हेडगेवार 21 जून, 1940 को स्वर्ग सिधार गए, जो जीवनभर हिन्दू समाज के पुनरुत्थान के लिए समर्पित रहे। तत्पश्चात् सभी कार्यकर्त्ताओं ने उन्हें अन्तिम विदाई देकर मंत्रोच्चारण के साथ उनके पार्थिव शरीर को अग्नि में समर्पित किया। डॉ. हेडगेवार जी का समाधि-स्थल नागपुर के रेशम बाग में है जो स्वयंसेवकों के लिए तीर्थ स्थान है। स्वयंसेवकों के लिए ही क्या, वह प्रत्येक हिन्दू के लिए तीर्थ स्थान है।

•••

अध्याय–2

द्वितीय सरसंघचालक बने

डॉ. केशवराव बलिराम हेडगेवार के स्वर्गवास से राष्ट्रीय स्वयंसेवक संघ पर मानो वज्रपात हुआ। साथ ही सरसंघचालक किसी अन्य को बनाने के लिए भी यह प्रथम अवसर था। सभी को यह ज्ञात था कि जो भी सरसंघचालक के पद को सुशोभित करे, स्वयंसेवकों को भी उसके बारे में जानकारी होनी आवश्यक थी। गुरुजी को डॉ. साहब ने एक तरह से सरसंघचालक घोषित कर ही दिया था, यह बात संघ के प्रमुख एवं डॉ. साहब के निकटवर्ती लोगों को ज्ञात थी। जिसमें प्रमुख थे—अप्पाजी। इस पद को तुरन्त भरने के लिए अप्पाजी ने संघ के प्रमुख व्यक्तियों सहित एक आवश्यक बैठक की और सरसंघचालक के पद पर गुरुजी को नियुक्त करने की डॉ. साहब की अन्तिम इच्छा को प्रकट किया। सभी ने उनकी अन्तिम इच्छा का स्वागत किया और डॉ. केशवराव बलिराम हेडगेवार जी की तेरहवीं के दिन उनके समाधि-स्थल पर श्रद्धांजलि कार्यक्रम रखा गया। उसी दिन गुरुजी को राष्ट्रीय स्वयंसेवक संघ का नया सरसंघचालक बनाया जाना निश्चित हुआ।

कुछ लोगों का मत था कि अप्पाजी को ही सरसंघचालक बनाया जाए क्योंकि वे डॉ. हेडगेवार जी के अति निकट सहयोगियों में से एक थे। ऐसी परिस्थिति में बहुत से लोगों के मन में प्रश्न उठा—"गुरुजी क्यों?" पुणे एवं दक्षिणी महाराष्ट्र के भागों के स्वयंसेवक गुरुजी से अनभिज्ञ थे। इसलिए यह बात भी उठनी स्वाभाविक ही थी कि संघ में अन्य अनुभवी

व्यक्तियों के होते हुए भी गुरुजी को सरसंघचालक क्यों बनाया जाए। यह बात बहुत से लोगों के गले नहीं उतरी।

3 जुलाई 1940, डॉ. हेडगेवार जी का समाधि-स्थल रेशम बाग, नागपुर तीर्थस्थल बना हुआ था। जगह-जगह से स्वयंसेवक आए हुए थे। मंच पर नागपुर प्रान्त के संघचालक श्री बाबासाहब पाध्ये एवं कुछ अन्य लोग विराजमान थे।

बाबासाहब पाध्ये ने सभी को सम्बोधित करते हुए कहा—"हमारे आद्य सरसंघचालक की अन्तिम इच्छा थी कि श्री गुरुजी अब इस संघ की बागडोर सम्भालें; अत: उनकी इच्छा के अनुसार श्री माधवराव सदाशिवराव गोलवलकर, गुरुजी अब राष्ट्रीय स्वयंसेवक संघ के सरसंघचालक हो गए हैं। इसलिए सरसंघचालक के रूप में मैं उन्हें प्रथम प्रणाम करता हूं।"

तत्पश्चात् गुरुजी ने अपने विचार प्रस्तुत किए–

"मैं आपके सामने खड़ा हूं परन्तु जो व्यक्त करना है, उसके लिए मेरे पास शब्द नहीं है। परम् पूजनीय डॉक्टर हेडगेवार को श्रद्धांजलि अर्पित करने के लिए हम सब यहां एकत्रित हुए हैं। मैं उस महान व्यक्ति के सामने नतमस्तक हूं। माता अपने बालक से जो प्रेम करती है वैसा प्रेम उन्होंने हम से किया। केवल निरपेक्ष वृत्ति का व्यक्ति ही वैसा प्रेम कर सकता है। माता का वात्सल्य, पिता की जिम्मेदारी का अहसास और समर्थ गुरुजी का ज्ञान देने का सामर्थ्य इन सब का एकत्रित दर्शन डॉक्टरजी के व्यक्तित्व में होता था। डॉक्टर साहब पंद्रह वर्ष की अवधि में एक लाख स्वयंसेवकों को संघ के नीचे ले आए, यही उनके महापुरुषत्व का पर्याप्त प्रमाण है। संगठन खड़ा होना चाहिए, ऐसी घोषणा बार-बार करने वाले अनेक महाभाग अब तक हुए हैं, परन्तु प्रत्यक्ष में संगठन कौन निर्मित कर सका? एक-एक स्वयंसेवक को अपना बनाकर और उसकी चिन्ता करते हुए हेडगेवार जी ने यह संघ खड़ा किया। अपना भिन्नत्व एक ओर रखकर इस संघ रूपी विशाल समूह में पूर्णरूप से विलीन हो जाना, यही डॉक्टरजी को श्रद्धांजलि अर्पित करने का सच्चा मार्ग है। ऐसे महापुरुष के सम्मुख जो नतमस्तक नहीं हो सकता वह जीवन में कुछ भी नहीं कर

सकता। उनके छायाचित्र को हार पहनाना या उस पर पुष्प चढ़ाना; इसका अर्थ उनका स्मरण करना नहीं है, उनके समान होने का प्रयत्न करना; यह उनका सच्चा अनुसरण है। डॉ. साहब ने मुझ पर बहुत बड़ी जिम्मेदारी सौंपी है परन्तु यह विक्रमादित्य का सिंहासन है। किसी गड़रिये बालक को भी यदि इस सिहांसन पर बिठाया जाए तो वह भी न्याय ही करेगा। आज इस पद पर आरूढ़ होने की जिम्मेदारी मुझ जैसे एक सामान्य मनुष्य को सौंपी गई है। परंतु डॉ. साहब मेरे पीछे खड़े हैं। वे मुझसे यह कार्य योग्य रीति से करा लेंगे। अब आप सब भी परिपूर्ण विश्वास के साथ अपने स्वीकृत ध्येय पर मन एकाग्र करें और पूर्ववत् उत्साह से कार्य में लग जाएं।"

21 जुलाई को डॉक्टर साहब को श्रद्धांजलि अर्पित करते हुए गुरुजी ने कहा—"कुछ लोग संघ पर व्यक्ति पूजा का आरोप लगाते हैं, हमें इस आरोप का दु:ख नहीं है, डॉक्टर हेडगेवार के देहावसान के बाद भी संघ का कार्य यथावत चल रहा है। हम पर जितनी उंगलियां उठेंगी, हमें उनका भय नहीं है अपितु हम दोगुने उत्साह के साथ कार्य करेंगे। डॉक्टर साहब ने हमें अंध श्रद्धा नहीं, अपितु तत्त्वनिष्ठा एवं राष्ट्रनिष्ठा का पाठ पढ़ाया व सिखाया है।"

सरसंघचालक का पद संभालने के पश्चात् गुरुजी के कंधों पर बहुत बड़ी जिम्मेदारी आ गई थी। डॉ. बलिराम हेडगेवार जी ने अपना खून-पसीना बहा कर जिस संगठन को सींच कर इस बुलंदी तक पहुंचाया था, अब उस संगठन को सुदृढ़ करना एवं डॉक्टर साहब के विश्वास को, गुरुजी को पूरा करना था जो डॉक्टर साहब ने गुरुजी को सरसंघचालक बना कर उनमें जताया था।

गुरुजी ने इस चुनौती पर कार्य करना प्रारंभ किया और अपनी योजना के अनुसार संघ के प्रचार एवं संगठन की शक्ति को बढ़ाने के लिए उन्होंने अलग-अलग प्रांतों में स्वयंसेवकों को भेजा। साथ ही उन्होंने यह निश्चय किया कि सरसंघचालक होने के नाते वे स्वयं भी सभी शाखाओं में जाएंगे और वहां सभी स्वयंसेवकों से भेंट करेंगे, ताकि सभी कार्यकर्ता भी अपने नए सरसंघचालक से भेंट कर लें एवं उन्हें अपने बीच पाकर दोगुने उत्साह

से संघ के कार्यों को आगे बढ़ाने में सहायक हों। गुरुजी ने इस प्रकार कार्य को करते हुए डेढ़-दो वर्षों में ही सभी कार्यकर्ताओं के दिलों में अपनी अलग छवि स्थापित कर ली। संघ के कार्य तेजी से आगे बढ़ रहे थे; इस बात से ब्रिटिश सरकार भी सकते में आ गई थी। गुरुजी की अगुवाई में सैकड़ों लोग संघ से जुड़े और संघ को मज़बूती मिली।

गुरुजी ने युवा वर्ग पर विशेष ध्यान दिया और महाविद्यालय में पढ़ने वाले युवकों को संघ के प्रति उत्साहित किया। उनके इस कार्य से युवाओं का उत्साह बढ़ा और संघ का क्षेत्र भी विस्तृत हुआ। संघ के बढ़ते स्वरूप व शक्ति ने अंग्रेजों को चिंतित कर दिया।

गुरुजी के सरसंघचालक बनने के बाद से ही ब्रिटिश सरकार संघ के कार्यों से परेशान थी। उसने अपना पैंतरा चलाया और एक आदेश प्रसारित कर दिया कि कोई भी संगठन सेना के समान वेशभूषा धारण नहीं करेगा। ज्ञात हो कि संघ के कार्यकर्ताओं के लिए डॉ. साहब ने जो वेशभूषा निर्धारित की थी, वह सैनिकों की ही भांति थी। सरकारी आदेश के अनुसार वह गैर कानूनी हो गई थी। अत: गुरुजी ने अब स्वयंसेवकों के लिए नया पहनावा निश्चित किया; जिसमें स्वयंसेवक अर्थात् राष्ट्रीय स्वयंसेवक संघ से जुड़े सभी व्यक्ति—चाहे वे कार्यकर्ता हों अथवा सरसंघचालक—खाकी निक्कर, आधी बाजू की सफेद कमीज, कमर में चमड़े का चौड़ा पट्टा, पैर में चमड़े के जूते एवं सिर पर काली टोपी, निश्चित किए गए। इस वेशभूषा के अतिरिक्त कुछ अन्य परिवर्तन भी किए गए।

गुरुजी ने संघ को कठोर अनुशासन में बांध दिया। सभी स्वयंसेवक भी लयबद्ध तरीके से अपने-अपने कार्यों में बंटे थे एवं लयबद्ध तरीके से कार्य करके संघ की मजबूती में पूर्ण सहयोग कर रहे थे।

गुरुजी ने 17 मार्च, 1942 को अपने भाषण में कार्यकर्ताओं का उत्साह बढ़ाते हुए कहा– "यह हमारा अहोभाग्य है कि हम इस संकटपूर्ण स्थिति में उत्पन्न हुए हैं और याद रखिए—उसी का नाम संसार में अमर होता है जो विपत्ति के समय कुछ करके दिखाता है। आप सभी एक वर्ष के लिए अपने व्यक्तिगत जीवन के समस्त विचार एक तरफ रख दीजिए। आपको

अपने प्रति जितना भी कठोर बनना पड़े, बनें व उसके लिए तैयार रहें। एक वर्ष के लिए व्रत धारण करें। सभी एक-दो या पांच वर्ष संघ को दें।"

इस प्रकार के उत्साहपूर्ण भाषण द्वारा गुरुजी ने स्वयंसेवकों के मन में उत्साह का संचार कर दिया। साथ ही सभी बड़े-बड़े पदाधिकारी भी दोगुनी शक्ति से इस कार्य में लग गए।

यह वह समय था जब स्वतंत्रता आंदोलन अपनी तीव्र गति पर था और 'अंग्रेजों, भारत छोड़ो' आंदोलन बड़ी तेजी से चल रहा था। इस आंदोलन में महात्मा गांधी ने बम्बई में अगस्त, 1942 के अधिवेशन में ब्रिटिश शासन को उखाड़ फेंकने के लिए क्विट इण्डिया—**'भारत छोड़ो'** नारा दिया जो एक आंदोलन के रूप में देश में उभरा और इस आंदोलन ने उग्र रूप धारण कर लिया। ब्रिटिश सरकार ने कांग्रेस के सभी प्रमुख नेताओं को गिरफ्तार कर लिया ताकि आंदोलन न हो सके किंतु आंदोलित जनता ने उग्र रूप धारण कर जुलूस निकाला। सरकार ने उसे दबाने के लिए लाठीचार्ज किया, गोलियां चलाईं, दंगा-फसाद हुआ, उचित नेतृत्व न होने के कारण जिसे जो उचित लगा उसने वही किया।

धीरे-धीरे यह आंदोलन मन्द पड़ता गया।

राष्ट्रीय स्वयंसेवक संघ के अधिकतर कार्यकर्ता युवा थे। वे अपने देश के प्रति कैसे उदासीन रह सकते थे? उनके मन में भी आग सुलग रही थी। गुरुजी इस बात से भली-भांति परिचित थे। परंतु गुरुजी चाहते थे कि युवा अपनी शक्ति का उपयोग संगठन की शक्ति बढ़ाने में लगाएं। कुछ लोगों का मानना था कि संगठन के लिए शक्ति एकत्रित करके कब उपयोग की जाएगी। उसका उपयोग नहीं होगा तो ऐसी शक्ति एकत्रित करने से क्या लाभ। किंतु गुरुजी दूरदृष्टि से काम ले रहे थे। कुछ लोग उनसे मतभेद रख सकते थे लेकिन गुरुजी अपनी योजनानुसार काम कर रहे थे। इसके लिए उन्होंने पुणे में संघ के पदाधिकारियों के समक्ष स्पष्ट कहा—"जिनका संघ कार्य पर विश्वास हो वे किसी भी प्रकार के मोह के वशीभूत न होकर यह कार्य करें। जिन्हें, भिन्न मार्ग स्वीकार करना चाहिए; ऐसा लगता हो तो वे अपने मार्ग पर जाने के लिए मुक्त हैं।"

इस तरह गुरुजी ने अपनी दृढ़ इच्छाशक्ति प्रकट की। गुरुजी ने वही नीति अपनाई थी जो डॉक्टर केशवराव बलिराम हेडगेवार ने अपनाई थी—'प्रत्यक्ष राजनीति में न उतरना।' गुरुजी का उद्देश्य था देश को संगठित करना, लोगों को आपस में जोड़ना।

18 अगस्त, 1942 को श्री वसन्तराव देव को लिखे पत्र द्वारा गुरुजी की इच्छा का पता लगता है। उस पत्र के कुछ मुख्य अंश इस प्रकार हैं—"चारों ओर होने वाली गड़बड़ी का समाचार, समाचारपत्रों द्वारा ज्ञात होता है, परन्तु अपना कार्य कैसे स्थायी स्वरूप का है एवं इन घटनाओं का स्वयं पर प्रभाव न होने देते हुए उसे करना अति आवश्यक है। आप इसे जानते हैं, चारों ओर कुछ भी हो रहा हो, तब भी अपना कार्य तो आगे बढ़ता ही है क्योंकि सभी को संगठित तथा समष्टि जीवन की महत्ता समझ में आयी है, अत: हमें अपने कार्य में कुछ भी कमी न रखते हुए, अधिक तीव्रता व उत्साह से जुटे रहना चाहिए। यह ध्यान रखना आवश्यक है .... ।"

इस पत्र द्वारा यह ज्ञात होता है कि गुरुजी संघ की संगठन शक्ति को बढ़ाने में कोई कमी नहीं छोड़ना चाहते थे और इस कार्य में किसी को भी शिथिल नहीं देखना चाहते थे।

संसार इन दिनों द्वितीय विश्वयुद्ध की विभीषिका को झेल रहा था। अंतत: 1945 में इसकी समाप्ति हुई। इंग्लैंड के प्रधानमंत्री ऐटली बने जो भारत के प्रति नरम रुख़ रखते थे। उन्होंने भारत को स्वतन्त्र करने के संकेत देने के पश्चात् कांग्रेस के बन्दी नेंताओं को छोड़ दिया। जहां एक ओर हर्ष का वातावरण था वहीं दूसरी ओर मुस्लिम लीग ने अपना पासा फेंका और देश के विभाजन की मांग रख दी। धीरे-धीरे समय व्यतीत हुआ। मुस्लिम लीग पाकिस्तान की मांग पर अड़ी रही जिसके नेता मोहम्मद अली जिन्ना ने स्पष्ट रूप से कहा—"गांधीजी और कांग्रेस को मुसलमानों की ओर से बोलने का कुछ भी अधिकार नहीं है, वे हिन्दुओं के प्रतिनिधि हैं।"

तत्पश्चात् मुस्लिम लीग ने अपनी बात जोर-शोर से उठानी प्रारम्भ कर दी। जिसके कारण दंगा-फसाद हुआ। कोलकाता में सैकड़ों लोग मारे गए। जगह-जगह दंगे शुरू हो गए। हिन्दुओं के घरों को लूट लिया गया।

महिलाओं को बेइज्जत किया गया। लेकिन इसके विरोध में कोई कांग्रेसी नेता आगे नहीं आया।

"मेरी देह के टुकड़े पहले होंगे और फिर देश के होंगे"। सत्यवादी गांधीजी कह चुके थे। विभाजन से संबंधित अंतिम बैठक में बाबू पुरुषोत्तम दास टंडन ने इसका सख्त विरोध किया। गांधीजी ने कहा—"तुम्हारे नेता थक चुके हैं, ऐसी अवस्था में तुम क्या कर सकते हो?" लेकिन सरदार पटेल ने कहा था—"तलवार से तलवार भिड़ जाएगी।"

किंतु अंततः देश का विभाजन हुआ। इस बीच इस प्रकार के कारणों से हो रहे दंगों को ध्यान में रखते हुए गुरुजी संघ के कार्यों व उसके शिक्षा वर्ग के समय स्वयंसेवकों को संयम से कार्य करने के लिए कहते थे ताकि इतना बड़ा संगठन आवेग में आकर टूट न जाए और संगठित लोग असंगठित न हो जाएं; साथ ही वह प्रतिकार करने का भी पाठ पढ़ाते थे। क्योंकि संघ की शिक्षा के अनुसार स्वयंसेवक इस प्रकार के कार्यों से दूर थे जिस प्रकार का कार्य यह दंगा भड़काने वाले कर रहे थे।

वर्ष 1946 में नागपुर में विजयदशमी पर्व पर उन्होंने कहा—"प्रतिकार न करने की भाषा पराक्रमी वृत्ति की द्योतक नहीं है। मुझे संघर्ष अनिवार्य लगता है; आप भले ही प्रतिकार न करें परंतु आप पर आक्रमण के लिए तैयार लोग अपनी काली-करतूतों से मानने वाले नहीं हैं। काली मां के मंदिर में बलि का बकरा अप्रतिकार का ही रूप होता है। अतः हमें बलि का बकरा नहीं बनना है। इसलिए ध्यान रखें, आत्मरक्षा प्रत्येक व्यक्ति तथा समाज का अधिकार है और इसके लिए प्रतिकार परम आवश्यक है।"

इस प्रकार, गुरुजी ने इन दंगा भड़काने वालों के प्रति कोई आवाज न उठाने पर देश के नेताओं को ध्यान में रखकर उपर्युक्त वक्तव्य दिया। क्योंकि प्रतिकार करना आवश्यक है। अपनी आत्मरक्षा न करना, यह तो स्वयं के प्रति भी अन्याय है।

वर्ष 1946 के अंत तक स्थिति नाजुक होती जा रही थी। पंजाब में मुस्लिम लोगों का पाकिस्तान के लिए आतंक बढ़ता जा रहा था। वे हिंदुओं

को वहां से खदेड़ने एवं मारकाट मचाने पर उतारू थे। पश्चिमी पंजाब के गांवों में हिंदुओं की संख्या कम थी। अलीगढ़ विश्वविद्यालय से पाकिस्तान के प्रचार के लिए बाहर निकले हुए विद्यार्थी गांव-गांव में जाकर मुस्लिम समाज के आगे उत्तेजक भाषण दे रहे थे।

तब पंजाब में संघ के प्रचारक माधवराव मूल्ये ने कहा—"घर-घर जाकर ढाढ़स का संदेश पहुंचाना होगा। जिन छोटे-छोटे गांवों में गिने-चुने हिन्दू हैं, उनसे मिलकर उन्हें धीरज देना होगा, गांव-गांव में स्वयंसेवक भेजो। परिस्थिति गंभीर है यह स्पष्ट करने की अब जरूरत नहीं है। हमारे पास शस्त्र नहीं हैं यह बात सत्य है, परन्तु मुकाबला करने के लिए शस्त्रों से अधिक, जूझने के लिए सिद्ध मन की आवश्यकता होती है। हमारा समाज सोया हुआ है, इस सोए हुए सिंह को जाग्रत करने की आवश्यकता है।"

पाकिस्तान बनवाने के लिए मुसलमानों ने हिंदुओं पर जो जुल्म किए, उसका संघ के अतिरिक्त किसी ने विरोध नहीं किया। हिन्दुओं के पंजाब, मुल्तान आदि में बदतर हालात थे, उनकी ओर केवल संघ का ध्यान गया।

पाकिस्तान का निर्माण होते ही पंजाब सरकार की हिन्दू पुलिस को निःशस्त्र कर दिया गया। सारे राज्य में संचारबंदी लागू कर दी गई। पंजाब के सेवानिवृत्त न्यायाधीश जयलालजी ने एक वक्तव्य में कहा—"वर्ष 1936 से संघ पंजाब में कार्यरत था। 1947 तक के ग्यारह वर्षों में एक हजार शाखाएं और करीब एक लाख स्वयंसेवक थे, उस कारण ही कम से कम आधा पंजाब तो पाकिस्तान होने से बच गया।" पंजाब नेशनल बैंक के एक वरिष्ठ पदाधिकारी ने कहा—"यह कहा जा सकता है कि केवल संघ ही हिन्दुओं का एकमात्र तारणहार था।"

इस प्रकार देखा जाए तो गुरुजी ने संघ को संगठित कर जगह-जगह संघ का प्रचार-प्रसार कर जो संगठन खड़ा किया उसने पूर्ण निष्ठा से हिन्दुओं की रक्षा का कार्य किया। जहां तक हो सका, उन्होंने प्राणों की बाजी लगाकर हिन्दुओं की रक्षा की।

गुरुजी इस प्रकार की घटनाओं से बहुत क्षुब्ध थे और सबसे बड़ी बात थी—देश के नेताओं द्वारा उनकी ओर ध्यान न देना। उन लोगों की

स्थिति व गुरुजी के मन की स्थिति का पता उनके इस वक्तव्य से लगाया जा सकता है जो उन्होंने अहमदाबाद के कर्णावती में 9 अगस्त, 1946 को बौद्धिक वर्ग में दिया था—"सीमावर्ती प्रान्तों में रहने वाले हमारे बंधु आज दीन, हीन, लाचार हैं। जिन नेताओं पर विश्वास रखकर वे लोग निश्चिंत बैठे थे, उन्होंने उन लोगों को दु:ख के सागर में धकेल दिया। इस अपार दु:ख को हृदय में धारण कर मैं प्रसन्नता का अनुभव नहीं कर सकता। वह मेरे लिए असम्भव है। देश के नेताओं के बारे में मैं टीका-टिप्पणी नहीं करना चाहता। उनके बारे में मेरे मन में विपरीत भाव हैं, ऐसा नहीं है परंतु वर्तमान में जो स्थिति है, उससे मुझे प्रसन्नता नहीं है। वास्तव में यह बड़े दु:ख की बात है। प्रथम प्रसूति में पुत्र को जन्म देकर माता की मृत्यु हो गई हो उस समय घर के लोग आनन्द उत्सव नहीं मनाते, परिवार पर एक असीम दु:ख की छाया छा जाती है, मुझे एक ऐसा प्रसंग स्मरण है कि एक गृहस्थ के घर पुत्र का जन्म हुआ, परन्तु थोड़े समय में गृहस्वामी की मृत्यु हो गई। बालक माता की गोद में था। परंतु माता के हृदय में आनंद नहीं था। उसका जीवन स्वामी उसे अकेला छोड़कर चला गया था। उसका जीवन सर्वस्व नष्ट हुआ था। उस माता के लिए जीवन अर्थशून्य, रसहीन हो गया था। उसी माता के समान आज मेरी अवस्था है। अपना और अपने अखिल हिंदू समाज का संबंध उस आर्य पत्नी जैसा है। अपने ही बंधुओं का यह वियोग मेरे लिए असहनीय घटना है। इस भाव को व्यक्त करते हुए मुझे तनिक भी संकोच नहीं होता। सम्पूर्ण हिन्दू समाज को हम एकात्मता की दृष्टि से देखते हैं और वह दु:खग्रस्त है, ऐसा जब हमें दिखाई देता है तो असहनीय वेदना होती है। यह स्थिति बड़ी कष्टदायक है।"

इन विचारों में गुरुजी के अंतर्मन की भीषण वेदना के दर्शन होते हैं।

अंतत: देश का विभाजन हुआ मुसलमानों ने पाकिस्तान बना लिया। और वह शुभ अवसर भी आया जिसकी प्रत्येक देशवासी को वर्षों से प्रतीक्षा थी। 15 अगस्त, 1947 को देश स्वतंत्र हुआ। देश भर में उत्सव का माहौल था। लोग खुशियां मना रहे थे। दूसरी ओर, विभाजन के पश्चात् पाकिस्तान से विस्थापित होकर आए हिंदुओं का बुरा हाल था। बहुत से

हिन्दू विस्थापित शिविरों में जगह न मिल सकने के कारण इधर-उधर पड़े हुए थे। अपने स्थानों को, पुरखों की निशानियों को, उनकी यादों को वे मजबूर होकर छोड़कर आए थे और अब हिन्दुस्तान में उन्हें पुन: अपने आपको स्थापित करना था। किंतु कहां और कैसे? वर्तमान स्थिति में यह सब उनकी समझ के बाहर था। क्या करें? क्या न करें? कैसे स्वतंत्रता का उत्सव मनाएं? उनके बच्चे भूखे-प्यासे इधर-उधर भटक रहे थे। बस इन विस्थापितों का दु:ख समझ रहे थे तो संघ के स्वयंसेवक; जो जी जान लगाकर उनकी सेवा में व्यस्त थे। संघ ने इन दिनों रेडक्रास सोसाइटी की भूमिका निभाई थी। स्वतन्त्रता के पूर्व एवं बाद में हुए दंगों में मुस्लिम उन्माद के शिकार निर्दोष लोगों को बचाकर लाने में संघ ने अत्यन्त उपयोगी भूमिका निभाई थी।

पाकिस्तान का निर्माण हो जाने के बाद भी मुसलमानों ने अपनी नीयत में खोट दिखाते हुए, कुचक्र रचकर दिल्ली के लाल किले पर पाकिस्तानी झण्डा फहराने की एवं देश के प्रमुख नेताओं की हत्या करने की योजना बनाई। लेकिन संघ-कार्यकर्त्ताओं ने इस काली करतूत को पूरा होने से पहले ही मुसलमानों के इस षड्यंत्र का पता लगाकर इसकी सूचना देश के प्रथम गृहमंत्री एवं उपप्रधानमंत्री लौहपुरुष सरदार पटेल को दी। उन्होंने कार्यवाही कर उन षड्यन्त्रकारियों को धर दबोचा। डॉक्टर भगवानदास द्वारा लिखित पुस्तक क्राइसिस में उन्होंने स्वयंसेवकों के इस उत्साहित कार्य का उल्लेख करते हुए लिखा है—"यदि संघ के जवानों ने नेहरू जी व सरदार पटेल को कुछ मुस्लिमों द्वारा रचे गए इस षड्यन्त्र की सूचना समय पर न दी होती तो आज जो सरकार है उसका अस्तित्व न जाने क्या होता।"

समय-समय पर स्वयंसेवकों ने उत्साहित व सराहनीय कार्य करते हुए अपने कर्त्तव्यों का निर्वाह किया और संकटकाल में हर समय तैयार रहे।

वर्ष 1947 में घटित इन कटु अनुभवों को गुरुजी ने एक पत्रिका में लिखा—"विगत वर्ष 1947 ऐसा बीता कि वह हम सबको कई कारणों से स्मरणीय रहेगा। मातृभूमि का अत्यंत दु:खदायी विभाजन हुआ तथा अनेकानेक बन्धुओं का अमानुषिक उत्पीड़न हुआ। उन्हें असंख्य यातनाएं

सहनी पड़ीं। जो अपने बंधुओं की रक्षा करना स्वभाविक कर्तव्य मानते हैं, वे स्वयंस्फूर्ति से आगे बढ़कर उचित उत्तरदायित्व ग्रहण करते हैं, कर्तव्यपूर्ति के लिए प्राणों की परवाह भी नहीं करते। संघ के स्वयंसेवकों ने वही किया। स्वयंसेवकों ने अलौकिक शौर्य और बुद्धिमत्ता प्रकट कर अनेक परिवारों की रक्षा की। उन्होंने यह सभी कार्य इस प्रकार किए कि सभी लोग उनके प्रति धन्यवाद व्यक्त करें।"

स्वयंसेवकों के कार्य के लिए लोगों ने गुरुजी की शिक्षा एवं संगठन शक्ति की प्रशंसा की। उस विषय में गुरुजी ने आगे लिखा—"स्वयंसेवकों के कार्यों एवं वहां की परिस्थिति के बारे में जानने के लिए मैंने अमृतसर का दौरा किया और कुछ दिन वहां रहा। मैं वहां घूमा, स्थिति देखी। तब मुझे बहुत से ऐसे व्यक्ति मिले जो आज ऊंचे-ऊंचे पदों पर नियुक्त हैं। उन्होंने मेरे चरणों में शीश झुकाकर कहा—"यदि आपका संघ न होता तो हमारी रक्षा नहीं हो पाती। हमारे बच्चे, महिलाएं, बेटियां सुरक्षित न रह पाते।" वहां सेना के अधिकारी भी मिले। उन्होंने कहा—"आपने इन स्वयंसेवकों को क्या और कैसी शिक्षा दी है? ये इतने वीर एवं साहसी कैसे बने। हमारी सेना के जवानों ने जो नहीं किया वह वीरता इन स्वयंसेवकों ने दिखाई।" मैं उनसे कहता कि यह संघ आप सभी का है, मेरे अकेले का नहीं। और इन संघ स्वयंसेवकों ने तो बस अपने कर्तव्य का पालन किया है और कर्तव्य पालन ही संघ की शिक्षा है।"

अब भारत स्वतंत्र हो चुका था। सत्ता देश के नेताओं के हाथ में आ चुकी थी। गुरुजी जानते थे, अभी देश स्वतन्त्र हुआ है और देश की उन्नति के लिए अभी बहुत कार्य करने हैं। अतः इसी कारण वे देश के कांग्रेसी नेताओं को देश की उन्नति के पथ पर अग्रसर होने का पूर्ण विश्वास दिला रहे थे। लेकिन संघ के बढ़ते प्रभाव को देख कांग्रेसी प्रसन्न नहीं थे और संघ को कुचलने का प्रयास कर रहे थे। कांग्रेस दल में कुछ ऐसे व्यक्ति भी थे जो संघ की शक्ति व देशभक्ति से भली-भांति परिचित थे और वे जानते थे कि जब विभाजन, हुआ तब वे संघ के ही लोग थे जिन्होंने अपने प्राणों को संकट में डालकर हिंदुओं की रक्षा की थी। पंजाब में माधवराव जी ने "रिलीफ कमेटी'

स्थापित कर पाकिस्तान में अपना सभी कुछ छोड़कर आए हिन्दू परिवारों के पुनर्वास की व्यवस्था की। इन सभी बातों से लौह पुरुष सरदार वल्लभ भाई पटेल, जो देश के प्रथम गृहमंत्री थे, भली-भांति परिचित थे।"

सरदार पटेल ने 6 जनवरी, 1948 को लखनऊ में अपने भाषण में कहा था—"कांग्रेसी जो सत्तारूढ़ हैं वे यह सोचते हैं कि अपने बल एवं अधिकार द्वारा वे संघ को जड़ सहित समाप्त कर देंगे, कभी ऐसा होता नहीं है, इन सभी के अतिरिक्त डंडा—डकैतों, चोरों के विरुद्ध उपयोग किया जाता है। संघ के लोग देशप्रेमी एवं सच्चे देशभक्त हैं।"

साथ ही सरदार पटेल इस बात से भी भली-भांति परिचित थे कि जब दिल्ली में कांग्रेस के नव मंत्री अपने-अपने पदों के अधिकार ग्रहण करने वाले थे तब मुस्लिम लीग द्वारा गड़बड़ी की आशंका से संघ के लोगों से सुरक्षा के लिए सहायता मांगी गई थी। संघ के लोग ही उस समय सचिवालय के पास सैकड़ों की संख्या में उपस्थित थे। उनके रहते कोई भी घटना नहीं घट पाई थी और गांधीजी की सुरक्षा का कार्य भी संघ के ही स्वयंसेवकों ने किया था। गांधीजी की सुरक्षा का अनुरोध संघ के लोगों से कांग्रेस के कृष्णन नायर ने किया था।

इन सभी बातों के बाद भी गुरुजी यही चाहते थे कि अब इधर-उधर की बातों में न उलझ कर देश को उन्नति के पथ पर अग्रसर किया जाए।

14 जनवरी, 1948 को बम्बई के शिवाजी पार्क में गुरुजी ने अपने भाषण में कहा था—"हमारे देश के लिए वर्तमान समय संक्रमण काल है। ब्रिटिश राज समाप्त हो चुका है, गुलामी की काली छाया समाप्त हो चुकी है और देश के नेताओं के कंधों पर नवीन दायित्वों का बोझ है। देश को उन्नति के पथ पर ले जाने के लिए नए कार्य करने हैं। हमारे नेतागण अभी नवीन हैं, कार्य भी नवीन हैं और हो सकता है कि वे कुछ भूल कर बैठें; परंतु इस बात का हमें अवश्य ध्यान रखना चाहिए कि वे सभी कोई दूसरे नहीं, अपितु हमारे अपने ही हैं। इसलिए हमें कटुता से कार्य नहीं लेना है अपितु कटुता से अलग रहना है।"

गुरुजी ने इसके लिए कौरवों व पांडवों का उदाहरण प्रस्तुत करते हुए

अपनी बात आगे कही—"हमारे मध्य में कुछ मतभेद हैं लेकिन यहां यह बताना आवश्यक है कि तब युधिष्ठिर के आदर्श से हमें प्रेरणा लेनी चाहिए। वनवास में जब पांडवों को शर्मिंदा करने के लिए कौरव आए तो उस समय वे स्वयं गंधर्वों द्वारा पकड़े गए। तब युधिष्ठिर ने अर्जुन को कौरवों की सहायता करने का आदेश दिया और कहा कि आपस के झगड़े के लिए वे सौ कौरव हैं और हम पांच। लेकिन जब हमारे सामने कोई और शत्रु हो तो—"**वयं पंचाधिकं शतम्**' अर्थात् हम लोग एक सौ पांच हैं। उसी प्रकार अब यह हमारे देश की बात है, जिसमें हम सभी साथ हैं और यदि हमारे देश पर आक्रमण हुआ तो संघ कांग्रेस सरकार के साथ है।"

संघ की शक्ति दिनों-दिन बढ़ती जा रही थी। लगभग सभी का झुकाव संघ की शिक्षा, संघ के क्रिया-कलापों को देखते हुए इसकी ओर हो रहा था। गुरुजी जहां भी जाते, लोग उन्हें सिर-आंखों पर बैठाते। सिख समाज तो संघ की देशभक्ति व भाईचारे को पहले से ही जानता था क्योंकि जब पंजाब में मुसलमानों ने जबरदस्ती कर उनके घरों को तबाह किया व महिलाओं को बेइज्जत किया तब संघ के ही लोग थे जिन्होंने सिक्खों की भरपूर सहायता कर उन्हें वहां से सुरक्षित निकाला, उन्हें पुनर्वास में सहायता की। अर्थात् संघ की शक्ति से लगभग सभी प्रभावित हो रहे थे। क्योंकि गुरुजी जहां भी जाते, उन्हें सुनने के लिए हजारों की संख्या में लोग पहुंचते। संघ की इस प्रकार बढ़ती शक्ति व प्रभाव के कारण कांग्रेस के नेताओं की परेशानी बढ़ने लगी और देश के प्रथम प्रधानमंत्री पंडित नेहरू की ख्याति कम हो रही थी। तब राजनीतिक दलों ने संघ की शक्ति को क्षीण करने के उद्देश्य से उसके क्रियाकलापों पर प्रतिबंध लगाने का विचार प्रारंभ किया। यह विचार स्वतन्त्रता के तुरन्त पश्चात् से ही प्रारम्भ हो गया था।

बंबई प्रांत के तत्कालीन गृहमंत्री श्री मोरारजी देसाई ने संघ के कार्यों को प्रतिबंधित घोषित कर दिया। इस प्रकार प्रतिबंधित किए जाने पर नागपुर से निकलने वाले समाचार पत्र "महाराष्ट्र' द्वारा 28 अक्टूबर, 1947 के अंक में प्रकाशित किया गया—"जान हथेली पर रखकर बहुत से स्थानों पर निराश्रित बंधुओं की सेवा करने वाली एवं किसी भी दल की

राजनीतिक महत्त्वाकांक्षाओं के मार्ग में बाधक न होते हुए एवं किसी पर भी आक्रमण न करते हुए हिन्दुओं का संगठन करने वाली राष्ट्रीय स्वयंसेवक संघ जैसी संस्था पर इस प्रकार आघात किया जाना आत्मघाती है। सबलों के सामने नाक रगड़ने एवं दुर्बलों को दबाने की तथा जिस फासिस्ट मनोवृत्ति का पं. नेहरू बार-बार धिक्कार करते हैं, यह उसी मनोवृत्ति का द्योतक है।" इस प्रकार नागपुर के इस पत्र ने पंडित नेहरू की तीखी आलोचना की और इसे संघ को दबाने का कुचक्र बताया।

"पहली अग्नि परीक्षा' नामक पुस्तक में श्री बालासाहब देवरस जी ने इस संबंध में लिखा है—"ऐसा लगता था, सत्ता की राजनीति ने केन्द्रीय नेतृत्व को अंधा बना दिया था। इसलिए उसने समाज को अनुशासित करने वाले, उसमें सांस्कृतिक जीवन मूल्य और राष्ट्रीय चारित्र्य का संस्कार करने वाले और अपने आपको स्वार्थ, सत्ता प्राप्ति की चाह तथा प्रसिद्धि से दूर रखकर मौन साधक की भांति राष्ट्रनिर्माण के कार्य में अखंड रूप से लगे इस महान संगठन द्वारा बढ़ाए गए सहयोग की उपेक्षा कर दी तथा संघ को उसके वास्तविक रूप में देखने से मना कर दिया। उन्होंने संघ को सत्ता के लिए एक संभावित चुनौती माना। उस राष्ट्रीय संकट की घड़ी में सच्चे नेता के नाते उन्हें भारत रत्न डॉ. भगवान की उस बात पर विचार करना चाहिए था जिसमें उन्होंने कहा था कि "राष्ट्र की सेवा में अहर्निश लगे हुए संघ के असंख्य देशभक्त स्वयंसेवकों की शक्ति का दमन नहीं उसका सदुपयोग करो।" परन्तु देश का यह दुर्भाग्य है कि निर्णय की उस घड़ी में सत्ता की राजनीति ही प्रभावी रही और उस दिन से आगे भी वही राजनीति विकृततर बनती गई तथा राष्ट्रीय समन्वय तथा सहयोग की भावना का निरन्तर ह्रास होता चला गया। कांग्रेस ने 1947 के अक्टूबर माह से ही संघ को कुचलने का निर्णय गुप्त रूप से ले लिया था।"

इससे यह अनुमान लगाया जा सकता है कि कांग्रेस संघ की बढ़ती लोकप्रियता को प्रारंभ से ही मन में रखे हुए थे और सम्भवत: यह विचार कर रही थी कि सत्ता-प्राप्ति के बाद संघ से निबटा जाएगा। बाला साहब देवरस जी ने अपनी इसी पुस्तक में आगे प्रतिबंध से सम्बन्धित उस बात

को भी बताया है जो चंडीगढ़ से निकलने वाले 'दि ट्रिब्यून' ने अपने 26 नवम्बर 1947 के अंक में कही थी। वह इस प्रकार है– "पंडित नेहरू ने पूर्व पंजाब सरकार को निर्देश दिया है कि वह राष्ट्रीय स्वयंसेवक संघ एवं अकाली दल पर पाबंदी लगाकर उन्हें खत्म कर दे। यह खबर इतनी बुरी है कि इसे सच होना ही नहीं चाहिए और अगर यह सच है तो इसे देश का दुर्भाग्य ही कहा जाना चाहिए। संघ एवं अकाली दल इस सीमावर्ती राज्य की जनता के हृदय में गहराई से बैठे हुए हैं। इन संगठनों को सांप्रदायिक संगठन कहना अथवा उन्हें निजी सेनाओं के रूप में निरूपित करना कृतघ्नता है। वास्तव में तो वे हमारी राष्ट्रीय शक्तियां हैं। भारत सरकार को उन पर गर्व करना चाहिए।"

इनसे यह प्रकट होता है कि संघ पर प्रतिबंध लगाने पर चारों ओर कड़ी आलोचनाएं हुईं। दूसरी ओर यदि संघ की शक्ति, उसके प्रभाव को साथ लेकर चला जाता तो आज देश का कुछ और ही स्वरूप होता। परंतु ऐसा नहीं हो सका।

पं. जवाहर लाल नेहरू अपनी बात पर अड़े रहे। उन्होंने अमृतसर में एक सभा में कहा—"हम संघ को जड़-मूल से नष्ट करके रहेंगे।" इससे संघ के बिल्कुल विपरीत होने की उनकी मनोवृत्ति स्पष्ट झलकती है।

जब गुरुजी मद्रास (चेन्नई) में संघ के स्वयंसेवकों को संबोधित कर रहे थे, उन्होंने 30 जनवरी, 1948 के दिन नेहरूजी की बात के प्रत्युत्तर में कहा—"हम संघ पर होने वाले सभी आघातों को विफल कर देंगे। संघ का कार्य किसी की कृपा से आगे नहीं बढ़ा है और किसी की बुरी दृष्टि से भी वह समाप्त नहीं होगा। हम हर प्रहार का डट कर मुकाबला करेंगे।"

गुरुजी ने अपनी बात कहकर पंडित नेहरू की तीखी बात का कड़ा प्रत्युत्तर देकर अपना पक्ष प्रकट किया।

•••

अध्याय–3

संघ और गांधीजी की हत्या

चेन्नई के मुत्तय्या चेट्टियार विद्यालय में संभाषण के पश्चात् संध्या काल में गुरुजी कुछ सम्मानित नागरिकों के साथ बैठे वार्तालाप में व्यस्त थे और चाय का प्याला उठाए थे, तभी सूचना मिली कि दिल्ली में संध्याकालीन प्रार्थना सभा में गांधी जी की हत्या कर दी गई है। यह सूचना मिलते ही सभी घोर आश्चर्य में पड़ गए। गुरुजी ने चाय का प्याला तुरंत वैसे ही रख दिया और चुप हो गए। थोड़ी देर बाद चुप्पी तोड़कर वे बोले—"देश का दुर्भाग्य!" अपने सभी कार्यक्रम रद्द कर वे वापस नागपुर पहुंचे लेकिन इससे पूर्व चेन्नई से उन्होंने पंडित नेहरू एवं सरदार पटेल को अपनी संवेदना तार द्वारा प्रेषित कर दी थी।

नागपुर पहुंच कर उन्होंने संघ की सभी शाखाओं को आगामी तेरह दिनों तक के लिए बंद रखने का आदेश दिया। तत्पश्चात् उन्होंने सरदार पटेल एवं पं. नेहरू को पत्र लिखे।

अनुभवी गुरुजी को यह भली-भांति आभास हो गया था कि अब संघ पर विपत्ति आने वाली है उस पर और कभी भी मुसीबतों का पहाड़ टूट सकता है।

हुआ भी वही! संघ के विरुद्ध लोगों को भड़काया गया। जगह–जगह हिंसा भड़क उठी। संघ के कार्यकर्ताओं के घरों, दुकानों में आग लगा दी गई, उन्हें मारा–पीटा गया। इस प्रकार की कार्यवाही को देखते हुए गुरुजी ने सभी स्वयंसेवकों को आवेग में आकर कोई भी गलत कदम न उठाने का आदेश दिया।

गुरुजी ने 'एसोसिएट प्रेस' द्वारा 1 फरवरी, 1948 को अपना वक्तव्य प्रकाशित करवाते हुए कहा—"प्रेम एवं सेवा के सिद्धान्तों पर प्रगाढ़ श्रद्धा के कारण, मैं संघ के स्वयंसेवकों को सभी से सद्व्यवहार करने का आदेश देता हूं, यदि कोई उत्तेजना से खीझकर आपको उकसाने का प्रयास करे या अनावश्यक उन्माद दिखाए तब भी, उस महात्मा (महात्मा गांधी) के प्रति देशवासियों के मन में प्रेम व आदर के कारण ऐसा उत्पात हो रहा है, यह समझ कर सभी स्वयंसेवक बंधु कार्य करें व किसी पर हाथ न उठाएं।"

गुरुजी के इस वक्तव्य का सभी स्वयंसेवकों ने अक्षरश: पालन किया। लेकिन लोगों ने डॉ. बलिराम हेडगेवार की समाधि पर भी तोड़-फोड़ की। इसी दिन 1 फरवरी, 1948 के दिन गुरुजी के निवास स्थान पर सैकड़ों लोग एकत्रित हो गए और उनके घर पर पत्थर फेंकने लगे। इस प्रकार की कार्यवाही देख सभी कार्यकर्ता निराश तथा बेचैन हो गए कि क्या किया जाए। पुलिस ने भीड़ को भगाया।

स्वयंसेवकों ने गुरुजी से निवेदन किया कि वे किसी सुरक्षित स्थान पर चले जाएं। पर गुरुजी ने कहा—"मैं कहां चला जाऊं? मुझे प्रतीत हो रहा है कि आप लोग संशय में आ गए हैं लेकिन मैंने आज तक इसी समाज में रहकर, इसी समाज के व्यक्तियों के लिए कार्य किया है और आप सभी चाहते हैं कि मैं कहीं और चला जाऊं। अब जो भी होना है वह तो होगा ही सो यहीं हो जाने दो।"

गुरुजी की इस बात के आगे कोई भी कुछ नहीं कह पाया। तदंतर गुरुजी ने कहा—"सभी लोग धीरज से काम लें। जो होगा, अच्छा ही होगा।"

यह कहकर गुरुजी चल दिए। सभी लोग गुरुजी की बातों का आदर करते थे, इसलिए कोई कुछ नहीं कह सका।

1 फरवरी, 1948 की रात्रि को पुलिस ने आकर गुरुजी को एक पत्र दिखाया जिसमें उन्हें गांधीजी की हत्या के आरोप में गिरफ्तार करने का आदेश था। गुरुजी इसे पढ़कर केवल मुस्करा दिए क्योंकि गुरुजी को घोर

आश्चर्य था कि यह कैसी विडम्बना है कि उन्हें उस महात्मा की हत्या के आरोप में गिरफ्तार किया जा रहा है, जिसका वे सदैव आदर करते थे। गुरुजी के समक्ष उपस्थित सभी लोग घोर आश्चर्यचकित थे कि यह क्या हो रहा है? गुरुजी ने तब संघ के लोगों से कहा– "हमें ज्ञात है, हम निर्दोष हैं, संशय के ये बादल अंततः छंट जाएंगे और हम निष्कलंक सिद्ध होंगे।" यह कहकर वे पुलिस के साथ चल दिए।

गुरुजी की गिरफ्तारी की सूचना से संघ के स्वयंसेवक उत्तेजित हो सकते थे और स्थिति बिगड़ सकती थी; इस बात को ध्यान में रखकर श्री मल्हारराव जी ने संघ की समस्त शाखाओं को सूचनाएं प्रेषित कीं कि—"श्री गुरुजी को गांधीजी की हत्या के आरोप में गिरफ्तार कर लिया गया है, अतः कहीं भी कोई अप्रिय घटना न होने पाए। सभी स्वयंसेवकों को किसी भी प्रकार से उत्तेजित न होने दिया जाए।"

अगले दिन 2 फरवरी, 1948 के दिन दंगा एवं लूटपाट का आरोप लगाकर केन्द्र सरकार ने केन्द्र शासित प्रदेशों में संघ पर प्रतिबंध लगा दिया और कहा गया कि सरकार संघ को अवैध घोषित करती है क्योंकि हिंसात्मक कार्यवाही को रोकना सरकार का दायित्व है। तत्पश्चात् 4 फरवरी, 1948 को सरकार ने पूरे देश में संघ के कार्यों पर प्रतिबंध लगा दिया। साथ ही इस प्रतिबंध के बाद देश में संघ के हजारों कार्यकर्ताओं को गिरफ्तार कर जेल भेज दिया गया, जिन पर लूटपाट एवं दंगा-फसाद करने का आरोप लगाया गया।

संघ पर प्रतिबंध लगाए जाने की सूचना गुरुजी को जेल में मिली। इससे वे दुःखी तो हुए लेकिन इसे सरकार की नीति या व्यक्तिगत भड़ास समझ कर वह चुप रहे और संघ को विसर्जित करने का निर्णय लिया। उन्होंने दत्तोपंत देशपांडे को संघ के विसर्जन से संबंधित अपना वक्तव्य लिखकर उसे प्रकाशित करवाने के लिए सौंप दिया।

उस वक्तव्य में उनके अनुसार—"राष्ट्रीय स्वयंसेवक संघ की आरंभ से ही यह नीति रही है कि सरकारी नियमों का पालन करते हुए अपने सभी कार्यक्रम किए जाएं। इस समय सरकार ने इसे अवैध घोषित कर दिया है

अत: मैं उचित समझता हूं कि प्रतिबंध हटाए जाने तक संघ को विसर्जित किया जाए। लेकिन साथ ही मैं यह भी कहना चाहता हूं कि संघ पर जो आरोप लगाए गए हैं, वे मुझे पूर्णरूप से अस्वीकार हैं।"

7 फरवरी, 1948 को गुरुजी पर से गांधाजी की हत्या का आरोप वापस ले लिया गया। लेकिन राष्ट्रीय सुरक्षा कानून के अंतर्गत उन्हें छह माह नजरबंद रखने का आदेश दिया गया।

संघ पर प्रतिबंध के विरोध में अनेक जगह स्वयंसेवकों की ओर से बंदी प्रत्यक्षीकरण अधिनियम के अंतर्गत न्यायालयों में याचिकाएं दाखिल की गईं। जिसके अंतर्गत कई स्वयंसेवकों को रिहा भी करना पड़ा।

कई वर्षों से गुरुजी संघ के कार्यों में व्यस्त थे। नजरबंदी के अंतर्गत कारगार में गुरुजी ने स्वयं को एक बार पुन: सारगाछी के श्री अखंडानन्द जी के आश्रम के शान्त वातावरण के अनुरूप पाया और गुरुजी यहां शान्त मन से चिन्तन मनन करने लगे।

बौद्धिक वर्ग में, शिक्षा वर्ग में अथवा वार्तालाप के समय गुरुजी से कई प्रश्न पूछे जाते थे और वे उनके उत्तर देते थे। एक बार गुरुजी से पूछा गया कि "मुसलमानों को एक अलग प्रदेश दे दिया गया है, उस पर हिन्दू-मुस्लिम विवाद समाप्त हो गया है, फिर अब संघ की आवश्यकता क्या रही?"

यह सुनकर गुरुजी ने उत्तर दिया था—"यह दृष्टिकोण पूर्णत: गलत है। किसी के साथ संघर्ष उत्पन्न करने के लिए अथवा किसी संघर्ष का सामना करने के लिए संघ का निर्माण नहीं हुआ है। राष्ट्रीय चारित्र्य का अभाव; यह अपने समाज को खोखला बना देने वाला वास्तविक दोष है। चारित्र्य संपन्न नागरिक निर्माण करने का कार्य संघ ने आरम्भ से ही हाथ में लिया है। यह कार्य समाप्त होने वाला नहीं है वह तो वर्तमान और आने वाली सभी पीढ़ियों के लिए है। हाथ में डंडा लेकर दंगे करने के लिए संघ का जन्म नहीं हुआ है। सम्पूर्ण विश्व में शान्ति स्थापित करना यह भी हमारे सामने ध्येय है। आध्यात्मिक विचारों का प्रसार करना और सम्पूर्ण

मानव जाति में बंधुता का भाव निर्माण करना, यह हमारा वास्तविक कार्य है। परंतु यह कब सम्भव हो सकेगा? अपने सांस्कृतिक मूल्य आत्मसात कर लाखों की संख्या में चरित्र सम्पन्न व्यक्ति हम एक सूत्र में गूंध सकेंगे, तभी यह विशाल ध्येय साध्य होने वाला है। संघ का कार्य करते समय दृष्टि ध्येय पर होनी चाहिए।"

ध्येय के माध्य होने पर जग का चित्र किस स्वरूप का होगा इसे बताते हुए वे बोले—"जग के सारे राष्ट्र स्वायत्त और सार्वभौम होंगे, परंतु उनमें एक-दूसरे के प्रति समझदारी का भाव होगा। उस बल पर उन्हें एकत्रित करने वाला एक व्यापक केन्द्र होगा। सम्पूर्ण जगत् को एकत्रित करने की जिस विशाल संकल्पना का पुरस्कार हिंदू संस्कृति की विचारधारा में अभिप्रेत है, वही मानव के बीच बंधुत्व की भावना की सच्ची अधिष्ठान बन सकेगी। सम्पूर्ण मानव जाति के कल्याण की चिंता करने वाला उदात्त ऐसा आत्मिक, स्फुरण; यह मानव मन को उस दिशा में कदम उठाने के लिए प्रेरित कर सकेगा और साथ ही साथ इस अवनि तल पर विचरण करने वाले सामान्य मनुष्य के लिए भी उस भविष्यकालीन जगत् में स्वयं को निसर्गदत: प्रवृत्ति के अनुसार अपनी आंतरिक शक्ति का परिपूर्ण विकास करने का अवसर होगा। जागतिक स्तर पर यदि अपना कुछ ध्येय हो तो उसका रूप यह है।" और इस प्रकार गुरुजी ने सभी को सही उत्तर देकर संतुष्ट किया।

जब गांधीजी की हत्या में संघ का हाथ न होने की जानकारी सरदार पटेल को हुई तो 27 फरवरी, 1948 को उन्होंने नेहरू जी को पत्र लिखा। उसके अंश इस प्रकार हैं—"बापू की हत्या की जांच में हो रही प्रगति पर मैंने प्रतिदिन ध्यान दिया। सभी प्रमुख अपराधियों ने अपनी गतिविधियों के विस्तृत विवरण दिए हैं। पुणे, बम्बई एवं ग्वालियर ही उनकी गतिविधियों के केन्द्र थे। इन विवरणों से स्पष्ट रूप से यह बात सामने आई है कि इस मामले में संघ कहीं भी संलिप्त नहीं है। संघ का कोई दोष नहीं है। यह स्पष्ट हो गया है।"

सरदार वल्लभ भाई पटेल ने इस तरह पत्र लिख कर पंडित जवाहर

लाल नेहरू को अपने तेवर स्पष्ट कर दिए थे और संघ के प्रति अपना विश्वास भी प्रकट किया था।

छह माह की निर्धारित नजरबंदी की अवधि समाप्त होने पर गुरुजी को 8 अगस्त, 1948 को मुक्त कर दिया गया। लेकिन सरकार ने गुरुजी के क्रियाकलापों पर पाबंदी लगा दी। जिसके अंतर्गत गुरुजी नागपुर की सीमा से बाहर नहीं जा सकते थे, किसी भी पत्र अथवा पत्रिका में कुछ लेख आदि प्रकाशित नहीं करवा सकते थे एवं न ही किसी सार्वजनिक सभा में भाषण आदि कर सकते थे।

इस प्रकार की पाबंदी पर गुरुजी ने कहा—"बस मेरे कारागार की दीवारें ही विस्तारित की गई हैं।" गुरुजी इस बात से प्रसन्न थे कि पत्र लिखने पर पाबंदी नहीं लगाई गई, यही सोचकर उन्होंने नेहरू जी एवं सरदार पटेल के साथ पत्राचार प्रारम्भ किया।

11 अगस्त, 1948 को गुरुजी ने नेहरूजी को पहला पत्र लिखा। उस पत्र के मुख्य अंशों के अनुसार—"जैसा कि आप जानते हैं, हमारे ऊपर लगाए गए सभी आरोप गलत हैं, क्योंकि यह बात अब पूर्ण रूप से स्पष्ट हो चुकी है। मेरे दिल में उस समय भी कोई मैल नहीं था और आज भी नहीं है, अलग-अलग मार्ग पर चलने वाले हम सभी लोग अपनी मातृभूमि के प्रति अपने हृदय में समान श्रद्धा रखने के कारण एकत्रित होकर देश के लिए बहुत कुछ कर सकते हैं।"

इसके साथ ही उन्होंने सरदार पटेल को भी पत्र लिखा। पत्र लिखने के पश्चात् गुरुजी ने प्रत्युतर की आशा में प्रतीक्षा प्रारंभ की लेकिन लगभग 45 दिनों तक इन दोनों पत्रों के प्रत्युतर प्राप्त नहीं हुए। तत्पश्चात् गुरुजी ने पुनः दोनों को पत्र लिखने का निर्णय किया और दोनों को पत्र लिखे।

यह वह समय था जब सरदार पटेल हैदराबाद की समस्या को समाप्त करने की कार्यवाही में लगे थे। अंततः सरदार पटेल ने हैदराबाद के निजाम के विरुद्ध सैनिक कार्यवाही करके हैदराबाद रियासत को भारत गणराज्य में सम्मिलित करके बड़ी सफलता प्राप्त की। सम्भवतः सरदार पटेल इस कार्य में व्यस्तता के कारण गुरुजी के पत्र का उत्तर न दे सके हों।

जब गुरुजी ने पुन: सरदार पटेल को पत्र लिखा तो इसमें हैदराबाद रियासत को भारत में मिलाए जाने पर उन्हें बधाई भी प्रेषित की।

कुछ दिनों बाद गुरुजी को नेहरूजी एवं सरदार पटेल को प्रेषित पत्रों के प्रत्युत्तर मिले। सरदार पटेल ने अपने प्रत्युतर में लिखा—"संकटकाल में संघ ने हिन्दू समाज की जो सेवा कर अपने सेवा भाव में देशभक्ति प्रकट की उसमें तनिक भी संदेह नहीं है और संघ पर जो प्रतिबंध लगाया गया है उसके लिए मैं प्रयासरत हूं?"

साथ ही उन्होंने गुरुजी को लिखा कि यदि संघ कांग्रेस के साथ मिलकर कार्य करे तो यह अच्छा रहेगा। उन्होंने गुरुजी से संघ के लोगों को कांग्रेस के साथ मिलकर कार्य करने के लिए सुझाव प्रेषित किया था।

सरदार पटेल के बाद दूसरा पत्र गुरुजी को नेहरूजी का प्राप्त हुआ। नेहरूजी ने गुरुजी के पत्र का गोल-मोल प्रत्युत्तर देकर संघ पर साम्प्रदायिकता का आरोप लगाते हुए लिखा—"संघ का कार्य सांप्रदायिक है और संघ के व्यक्ति जो कहते हैं वह करते नहीं हैं।"

गुरुजी ने संघ पर से प्रतिबंध हटाने के लिए अपने पत्र में जो लिखा था; नेहरूजी उस बात को गोल कर गए और उन्होंने उस बारे में कुछ भी नहीं लिखा।

अंतत: 13 अक्टूबर, 1948 को गुरुजी पर लगाए गए समस्त प्रतिबंध हटा लिए गए। इस पाबंदी के हटाए जाने के बाद गुरुजी अब स्वतंत्र थे। वे कहीं भी आ-जा सकते थे। अत: गुरुजी ने पत्र-व्यवहार न करके स्वयं दिल्ली जाकर सरदार पटेल एवं नेहरूजी से मिलकर इस विषय में बातचीत करने का निर्णय लिया।

17 अक्टूबर, 1948 को गुरुजी नागपुर से दिल्ली पहुंचे। दिल्ली में राष्ट्रीय स्वयंसेवक संघ के सैकड़ों कार्यकर्ताओं एवं अन्य सैकड़ों नागरिकों ने गुरुजी का जोरदार स्वागत किया। दिल्ली में उन्होंने 17 अक्टूबर को सरदार पटेल से मिलकर विचार-विमर्श किया। तत्पश्चात् 23 अक्टूबर को गुरुजी पुन: सरदार पटेल से मिले। सरदार पटेल ने गुरुजी को संघ के सभी

कार्यकर्ताओं सहित कांग्रेस में विलय कर, कार्य करने का प्रस्ताव किया, किंतु गुरुजी ने इसे अस्वीकार कर दिया। संघ पर लगे प्रतिबंध पर विचार-विमर्श पर सरदार पटेल ने प्रतिबंध हटाने के बारे में अन्य प्रांतों की सरकारों से बातचीत कर कोई निर्णय लेने की बात कही। गुरुजी से दिल्ली में कई प्रांतों के संघ प्रमुख एवं संघ कार्यकर्ता भेंट करने पहुंचे और संघ पर प्रतिबंध के विषय पर उन्होंने चर्चा भी की। प्रतिबंध हटाने के संबंध में सरदार पटेल के समक्ष भी अनुकूल नीति नहीं थी। इसी कारण वे भी ऊहापोह की स्थिति में थे।

30 अक्टूबर, 1948 को गुरुजी को सरदार पटेल की ओर से एक अलिखित संदेश मिला जिसके अंतर्गत सरदार पटेल ने कहलवाया था कि 'अब आगे विचार-विमर्श संभव नहीं है। अत: कृपया आप वापस नागपुर लौट जाएं।'

यह संदेश गुरुजी के समक्ष कई प्रश्न छोड़ गया! क्यों? कैसे? गुरुजी ने नागपुर वापस न लौटने का निर्णय लेते हुए 2 नवम्बर, 1948 को वहीं पत्रकार वार्ता करके अपनी इच्छा प्रकट की और कहा कि संघ का किसी राजनीतिक दल में विलय नहीं होगा। तत्पश्चात् 3 नवम्बर को गुरुजी ने नेहरूजी को पत्र लिखकर उनसे मिलने की अनुमति मांगी। साथ ही संघ पर लगे प्रतिबंध को अस्वीकार करते हुए उचित कार्यवाही के लिए कहा। लेकिन कोई प्रत्युत्तर नहीं मिला।

इसके बाद उन्होंने 5 अक्टूबर को सरदार पटेल को एक पत्र लिखा— "देश की वर्तमान नाजुक परिस्थिति को ध्यान में रखते हुए उज्ज्वल भविष्य निर्माण करने की दृष्टि से परस्पर 'मैं' का संवाद दूर होना आवश्यक है। इस ध्येय से मैंने सारे स्वयंसेवकों को शांत रहने की सूचना दे रखी है। शांतिमय मार्ग से समझौता हो, ऐसा मेरा प्रयत्न है। मैंने सहयोग का हाथ आगे किया लेकिन आपकी ओर से मेरी सद्भावनाओं की उपेक्षा की गई, ऐसा मुझे अत्यंत खेदपूर्वक कहना पड़ता है। दो धाराओं का मेल साध्य हो सके, यह मेरे मन की इच्छा सफल नहीं हुई। शायद ऐसा ही हो कि वह परम करुणाशील परमेश्वर, मैं कोई अन्य मार्ग स्वीकार करूं, ऐसा संकेत

दे रहा हो और शायद उसी में इस देवभूमि भारतवर्ष के भाग्योदय के बीज समाए हुए हों।"

इसके पश्चात् गुरुजी ने नेहरूजी को 8 नवंबर को पुन: पत्र लिखा। जिसके प्रत्युत्तर में नेहरूजी ने लिखा—"मुझे ऐसा नहीं लगता कि हमारी मुलाकात से कोई लाभ होगा। संघ पर प्रतिबंध हटाने का मामला गृह मंत्रालय के पास है। अत: अब आप वहीं सीधा संपर्क करें।"

इस प्रकार गुरुजी ने सरदार पटेल और पं. नेहरू—दोनों से पत्राचार किया और समस्या सुलझाने का भरसक प्रयत्न किया लेकिन वह नेहरूजी से संतोषजनक उत्तर प्राप्त न कर सके। सरदार पटेल संघ के प्रति पूर्व में ही अपनी निष्ठा प्रकट कर चुके थे, परंतु फिर भी किन्हीं मजबूरियों के कारण वे शांत रहे और कुछ न कर सके।

13 नवंबर को गुरुजी को एक सरकारी समाचार के माध्यम से कहा गया कि यदि वे वापस नागपुर नहीं गए तो उन्हें हिरासत में ले लिया जाएगा। उसी शाम उन्हें 'काले कानून' के अंतर्गत बंदी बना लिया गया। काला कानून भारत की स्वतंत्रता के पूर्व ब्रिटिश सरकार द्वारा लागू 1818 बंगाल बंदी अधिनियम था। गुरुजी को गिरफ्तार करके नागपुर जेल में बंद कर दिया गया। बंदी होने के पूर्व गुरुजी ने अपनी गिरफ्तारी का अनुमान कर लिया होगा। यह अनुमान कर उन्होंने शांतिपूर्ण सत्याग्रह करने का निर्णय लिया और एक पत्र द्वारा भैयाजी दाणी, जो सरकार्यवाह थे, उन्हें इस सत्याग्रह के कार्यकलापों की योजना भी बताई।

गुरुजी की पुन: गिरफ्तारी पर समस्त संघ में रोष व्याप्त हो गया। अनेक स्थानों पर सत्याग्रह प्रारंभ हुआ। **'संघ अमर रहे'**; **'भारत माता की जय'** जैसे नारों से देश गूंज उठा। गुरुजी के पीछे देश भर के समस्त संघ कार्यकर्ता थे। गुरुजी ने अपने संदेश में कार्यकर्ताओं से कहा—"संघ पर प्रतिबंध लगे दस माह हो गए हैं और कोई कार्य नहीं हो सकता है। इसलिए पुन: कार्य प्रारम्भ करें। विजय निश्चित है। और हृदयाकाश से जगदाकाश तक भारत माता की जयघोष होने दें।"

संघ के कार्यकर्ता संघ की कार्यप्रणाली से एक-दूसरे से जुड़े थे, अतः सभी एक साथ खड़े होकर सत्याग्रह में जुट गए। साथ ही यह भी योजना बनाई गई कि प्रतिदिन सत्याग्रह होगा।

सत्याग्रह इतना जोर पकड़ता गया कि हजारों युवक अपने कार्य, अपनी पढ़ाई-लिखाई छोड़कर इसमें सम्मिलित हो गए और संघ के कार्यकर्ता साथ कंधे से कंधे मिलाने लगे। सरकार की नींद उड़ गई।

सत्याग्रही शांतिपूर्ण आंदोलन कर रहे थे। उनका कहना था—"हम संघ पर लगाए गए प्रतिबंध का निषेध करते हैं और उस अन्यायपूर्ण प्रतिबंध की अवहेलना करते हैं।"

धीरे-धीरे सत्याग्रह अपनी गति से चलता रहा। भैयाजी दाणी के नेतृत्व में संघ के लोग शाखाएं लगाने लगे। लेकिन स्वयंसेवक अनुशासित एवं शांतिपूर्ण ढंग से अपना कार्य कर रहे थे। परंतु इस पर भी सरकार ने बदले की भावना से उन पर अत्याचार जारी रखे।

14 दिसंबर, 1948 के अंक में समाचार पत्र 'द हिंदू' ने स्वयंसेवकों पर हुए अत्याचार के समाचार को प्रकाशित किया। उसके अनुसार—"13 दिसंबर के दिन तीन बार तीन जगह सत्याग्रह किया गया। उन सत्याग्रहियों पर पुलिस ने बर्बर लाठियां चलाईं। जो नागरिक आसपास थे उन्हें भी नहीं छोड़ा। उन पर भी लाठियां चलीं।"

सत्याग्रहियों को जेल में बंद किया जाने लगा। अधिकतर कारागृहों में कार्यकर्ता अनुशासित रूप से कार्य करते थे, शाखा लगाते, चर्चाएं करते। संघ के उच्च पदाधिकारियों का इतना अच्छा अनुशासन था कि जेल के अधिकारी उन लोगों से निश्चिंत थे। जेल में जो भी लोग स्वयंसेवकों से मिलने आते, सिपाही उन्हें आराम से बिना रोक-टोक मिलने देते और वे वहां खड़े भी नहीं रहते। स्वयंसेवक स्वयं आते और मिलकर चले जाते। कारागार के स्वयंसेवक मिलने वालों को बाहर तक छोड़ते और वापस अंदर आ जाते। कोई भी भागता नहीं था।

इसलिए कहा जा सकता है कि यह अनूठा सत्याग्रह अनूठे ढंग से योजनाबद्ध तरीके से चला।

नेहरूजी ने 20 दिसंबर 1948 को जयपुर में अपने एक भाषण में संघ के इस सत्याग्रह को बच्चों का खेल बताते हुए इसे चार-पांच दिनों में बंद हो जाने वाला बताया। लेकिन यह सत्याग्रह जो रूप धारण करता जा रहा था उसका अनुमान संभवत: नेहरूजी को नहीं था। साथ ही नेहरूजी ने कहा कि हम इस आंदोलन को पूरी ताकत के साथ दबा देंगे। हम इन्हें सिर उठाने नहीं देंगे।

अखबारों में खबरें छप रही थीं कि 'स्वयंसेवकों पर अत्याचार हो रहा है। सत्ता में बैठी कांग्रेस संघ के नवयुवकों का दमन कर रही है और उन्हें जेल में बंद करके प्रसिद्ध नहीं होने देना चाहती।' इससे सिद्ध होता है कि संव पर जुल्म हो रहा था और इस जुल्म को बढ़ा-चढ़ा कर बताया जा रहा था ताकि भय के कारण अधिक लोग संघ से न जुड़ सकें।

कांग्रेस का अनुमान था कि राष्ट्रीय स्वयंसेवक संघ का सत्याग्रह कुछ समय में समाप्त हो जाएगा लेकिन यह 44-45 दिनों तक शांतिपूर्ण ढंग से चलता रहा। स्वयंसेवकों ने कोई उत्तेजना नहीं दिखाई और पूर्णतया अनुशासित रहकर आंदोलन में सम्मिलित होते रहे। इन 45 दिनों में लगभग 70 हजार से अधिक कार्यकर्ता कारागार भेजे गए और विशेष बात यह रही कि ये कार्यकर्ता नवयुवक थे और इनके मार्गदर्शक भी मात्र 30-35 वर्ष के युवा थे। जोश से भरे ये युवक अनुशासित थे। इन्होंने होश नहीं खोया था और अपने मार्गदर्शकों तथा उच्च पदाधिकारियों द्वारा बताए गए मार्ग का अनुसरण किया।

पुणे के **'केसरी'** मराठी पत्र में उसके संपादक श्री केतकर ने **'पहले फांसी फिर जांच'** नामक संपादकीय प्रकाशित किया, जो संघ के पक्ष में था। श्री केतकर को शासन द्वारा अनुमति मिलने पर वे 'सिवनी' कारागार में 12 जनवरी, 1949 को गुरुजी से मिले। तदंतर वे पुन: 19 जनवरी को गुरुजी से मिले व उन्हें सत्याग्रह स्थगित करने के लिए कहा क्योंकि इसके लिए मध्यस्थता के लिए कुछ निष्पक्ष लोग तैयार थे। तब गुरुजी ने सोचा की समझौते का मार्ग खुल रहा है, अत: संघ का सत्याग्रह स्थगित कर देना चाहिए। अंतत: 22 जनवरी, 1949 को आंदोलन स्थगित कर दिया गया। इस निर्णय से सभी कार्यकर्ता प्रसन्न थे।

सरकार का आरोप था कि संघ वैसे ही चल रहा है; इसका कोई लिखित संविधान होना चाहिए। संघ के आंदोलन स्थगित करने के बारे में स्टेट्समैन, ट्रिब्यून आदि समाचारपत्रों ने संघ के पक्ष में लिखते हुए सरकार को उचित कदम उठाने के लिए कहा। दि ट्रिब्यून ने 22 जनवरी, 1949 के अंक में लिखा कि 'राष्ट्रीय स्वयंसेवक संघ के नेताओं ने मध्यस्थता की बात पर बिना कोई शर्त रखे अपना आंदोलन वापस ले लिया है। अब सरकार का यह कर्तव्य है कि वह अपनी ओर से उचित कदम उठाए और संघ पर से प्रतिबंध हटाए।'

मध्यस्थता के लिए मद्रास प्रांत के उदारवादी नेता, जोकि पूर्व महाधिवक्ता भी थे, ने महत्त्वपूर्ण कार्य किया। गुरुजी ने संघ का लिखित संविधान तैयार किया और एक पत्र लिखकर उसे सरदार पटेल को प्रेषित कर दिया। लेकिन सरकार ढुलमुल रवैया अपनाती रही। गुरुजी पत्र भेजते रहे; 17 मई, 1949 को गुरुजी ने कड़े शब्दों में पत्र लिखा और कहा कि 'ऐसा लगता है कि मुझे अब पत्र लेखन से संन्यास ले लेना चाहिए।'

गुरुजी को अब सिवनी के कारागार से बैतूल कारागार में स्थानांतरित कर दिया गया था। गुरुजी द्वारा प्रेषित संविधान के विषय में भारत सरकार में गृह मंत्रालय के सचिव एच.वी.आर. अय्यंगार के आक्षेपों का समाधान करके पुन: पत्र प्रेषित किया। किंतु फिर भी सरकार ने अपना वही ढुलमुल रवैया अपनाए रखा और कोई प्रत्युत्तर नहीं दिया। तत्पश्चात् श्री टी.वी.आर. वेंकटराम शास्त्री ने समाचार पत्रों में एक वक्तव्य प्रकाशित करवाया जिसमें उन्होंने संघ का पक्ष प्रस्तुत करते हुए सरकार द्वारा लगाए गए आक्षेपों को स्पष्ट किया। उनके द्वारा प्रकाशित वक्तव्य इस प्रकार था–

"पूर्व का सरसंघचालक अपने पश्चात् के सरसंघचालक की नियुक्ति करता है; इस पर आक्षेप करना, संघ-संगठन का स्वरूप न समझ पाना है। एकाध सरकार फासिस्ट हो सकती है, परंतु जिसकी सदस्यता ही किसी पर भी थोपी जाती हो, ऐसे संगठन को फासिस्ट नहीं कहा जा सकता। बालकों को प्रवेश देने के लिए कांग्रेस के संविधान में यदि माता-पिता की अनुमति पर्याप्त हो सकती है, तो संघ पर उस संबंध में शर्तें लादना उचित नहीं कहा

जा सकता। जातिवाद के आरोप के संबंध में कहें, तो आज हम सब पराकाष्ठा के जातीय विद्वेष के वातावरण में रह रहे हैं। ऐसी परिस्थितियों में अनेक प्रकार के भेदभावों से ग्रसित हिन्दू समाज को संगठित करने का संघ का प्रयत्न यह एक अच्छा कार्य है। अनेक प्रकार के सामाजिक दोष दूर करने के लिए इस कार्य का उपयोग होगा। संघ का रूपांतरण एक रात में राजनीतिक दल में हो सकता है इस प्रकार कहा जाता है। वैसा करना भी कोई अपराध नहीं हो सकता, इसके अलावा वैसा कुछ न करना; इतनी बुद्धिमत्ता संघ के कार्यकर्ताओं के पास है।"

इस वक्तव्य के प्रकाशन के पूर्व ही सरकार ने संघ से प्रतिबंध हटा दिया। जिसकी घोषणा 12 जुलाई, 1949 को रेडियो द्वारा की गई।

इस प्रकार संघ पर अठारह माह प्रतिबंध रहा। परंतु संघ इस प्रतिबंध के पश्चात् भी प्रभाव में रहा और अंततः प्रतिबंध मुक्त हुआ। प्रतिबंध हटने पर सरदार पटेल ने गुरुजी को शुभकामना संदेश प्रेषित कर प्रसन्नता प्रकट की। गुरुजी ने भी उसका उचित प्रत्युत्तर प्रेषित किया।

13 जुलाई, 1949 को गुरुजी को जेल से मुक्त कर दिया गया। तदंतर वे नागपुर पहुंचे। वहां हजारों की संख्या में संघ-कार्यकर्ताओं ने गुरुजी का जोर-शोर से अभिनंदन किया।

प्रतिबंध के पश्चात् संघ संपूर्ण देश में प्रसिद्ध हो गया था। जन-जन के हृदय में उसके प्रति श्रद्धा का भाव उमड़ पड़ा था। गुरुजी ने स्वयं 'केसरी' के संपादक श्री केतकर को पुणे में एवं श्री टी.आर. वेंकटराम शास्त्री को मद्रास जाकर उनके प्रति कृतज्ञता प्रकट की एवं संघ पर से प्रतिबंध हटाने में सहयोग पर धन्यवाद भी दिया। तत्पश्चात् देश के कई स्थानों पर गुरुजी का सम्मान किया गया तथा संघ पर से प्रतिबंध की काली छाया हटने पर प्रसन्नता प्रकट की गई। लोगों ने भी प्रतिबन्ध के बाद गुरुजी के ओजस्वी एवं ज्ञानवर्द्धक भाषणों को सुना व उनके दर्शनों का लाभ उठाया। आज वे लोग तथा समाचार पत्र जो कभी संघ के विरुद्ध थे—उसके सम्मान में कसीदे पढ़ रहे थे। उसे समाचार पत्रों में ससम्मान स्थान दे रहे थे।

संघ और संघ के स्वयंसेवकों के विषय में सरदार पटेल एवं जवाहर लाल नेहरू के विचार कितने भिन्न थे, इसका अनुमान सरदार पटेल के इस पत्र द्वारा लगाया जा सकता है। यह पत्र सरदार पटेल ने 16 जुलाई, 1949 के दिन वेंकटराम शास्त्री को लिखा था। उस पत्र के अनुसार—"आप श्री गोलवलकर से मिलने वाले हैं और उन्हें कुछ हितकारी परामर्श देने वाले हैं। इसकी मुझे प्रसन्नता है। ऐसा परामर्श उनके लिए आवश्यक ही है। आपके प्रांत में क्या परिस्थिति है, आप भली-भांति जानते हैं। आपको यह भी भली-भांति विदित है कि आज कांग्रेस का एकमेव विकल्प अराजकता है। यह मेरी दृढ़ धारणा आपको भी ज्ञात है। इसमें संदेह नहीं कि कांग्रेस संगठन को बल देने वाली कोई भी राजनीतिक शक्ति आज देश में नहीं है। इससे पहले भी मैंने संघ को सलाह दी थी कि उनके विचार से यदि कांग्रेस गलत मार्ग पर चल रही है तो वे कांग्रेस में शामिल होकर भीतर से उसे सुधारें, यही एक मार्ग अब उनके लिए खुला है। आप मेरी इस भूमिका से सहमत हों, तो मेरा सुझाव है कि आप भी उसे स्वीकार करें।"

इस पत्र के माध्यम से सरदार पटेल ने स्पष्ट कर दिया था कि कांग्रेस का रुख़ क्या है।

देश भर में गुरुजी की प्रसिद्धि और संघ के बारे में समाचार प्रकाशित हो रहे थे—प्रतिबंध हटने के पश्चात्, दिल्ली में हुई सभा के विषय में मुंबई के अंग्रेजी साप्ताहिक 'ब्लिट्ज' ने अपने अंक में लिखा—"संघ पर से प्रतिबंध हटने के बाद श्री गोलवलकर जी की लोकप्रियता बुलंदियों पर पहुंच गई। दिल्ली की इस आयोजित सभा में तीन लाख से अधिक लोगों ने उनका ओजस्वी भाषण सुना।"

'दैनिक अमृत बाजार पत्रिका' ने अपने अंक में प्रकाशित किया—"जब गुरु गोलवलकर दिल्ली स्टेशन पहुंचे तो अपार जनसमूह ने उनका भव्य स्वागत किया। दिल्ली में आयोजित इस सभा में गुरुजी को सुनने के लिए अपार जनसमूह एकत्रित हुआ जो कि एक ऐतिहासिक जनसमूह था। उनको सुनने के लिए आयी अपार भीड़ कांग्रेस की अभी तक की किसी

भी सभा से अधिक थी। लोग शांतिपूर्वक उनको सुन रहे थे और तालियों से उनके शब्दों पर अपनी सहमति प्रकट कर रहे थे।"

इसके अतिरिक्त बी.बी.सी. ने अपने प्रसारण में कहा—"नेहरू एवं सरदार पटेल के बाद कौन? इस प्रश्न का उत्तर वामपंथियों के नेता नहीं, संघ प्रमुख गोलवलकर हैं। जब वे दिल्ली में आए तब लगभग तीन लाख लोगों का जनसमूह उनका भाषण सुनने के लिए आया। भारत में केवल नेहरूजी ही इतनी भीड़ जुटाने में सक्षम हैं। संघ को नाजी संगठन तथा संघ प्रमुख को तानाशाह प्रचारित किया जाता है पर श्री गोलवलकर में तो ऐसा कुछ नहीं है जिससे उनकी तुलना यूरोपीय तानाशाह हिटलर या मुसोलिनी से की जा सके।"

दिल्ली के प्रमुख भाषण में श्री गुरुजी ने कहा—"हम संघ स्थान पर प्रतिदिन परमेश्वर से प्रार्थना करते हैं कि हमें धैर्य, शील, चरित्र दो—तब ईश्वर ने परीक्षा लेने के उद्देश्य से हमारी परीक्षा ली और परीक्षा में हम सफल हुए वह सभी को मालूम है।"

इस प्रकार गुरुजी ने अपनी अनुशासन क्षमता, क्रियाशीलता और दृढ़ निश्चय के साथ संघ को गगनचुंबी ऊंचाइयों तक पहुंचाया।

•••

अध्याय–4

समस्याओं से जूझते गुरुजी

स्वतंत्रता के पश्चात् राष्ट्र के समक्ष अनेक समस्याएं उत्पन्न होती रहीं; जैसे–कश्मीर समस्या, प्राकृतिक आपदाएं आदि। किंतु गुरुजी ने संघ के कार्यकर्ताओं के साथ मिलकर इन समस्याओं का सामना किया और योगदान की अनूठी मिसाल कायम की।

कश्मीर समस्या जो तत्कालीन सरकार के कुछ प्रमुखों की नीति के कारण आज भी देश के लिए गंभीर समस्या बनी हुई है। जिसने अभी तक लाखों परिवारों को नष्ट कर दिया है। लेकिन संघ के बहुत–से देशभक्तों ने अपना बलिदान देकर कश्मीर को बचाया अन्यथा कश्मीर पर पाकिस्तान न जाने कब का कब्जा कर लेता। या कश्मीर स्वतंत्र राष्ट्र होता।

कश्मीर समस्या–

भारत–पाक विभाजन के पश्चात् पाकिस्तान एक स्वतंत्र देश बन गया था लेकिन इसके पश्चात् भी उसकी लालची दृष्टि कश्मीर को हड़पने की थी। संघ इस बात से भली–भांति परिचित था कि पाकिस्तान धोखा अवश्य देगा और कश्मीर पर कब्जा करने का प्रयास करेगा। इसलिए संघ चाहता था कि अतिशीघ्र कश्मीर रियासत का भारत में विलय हो जाए और वह अन्य रियासतों की भांति ही भारत का अंग बन जाए। संघ ने इस ओर प्रयास किए।

कश्मीर में राजा हरिसिंह का शासन था। अतः उन्हें पाकिस्तान की

क्रूर नजर तथा उसकी नीयत की जानकारी देना आवश्यक था। यह सोचकर गुरुजी ने उनसे मिलने का विचार किया। उस समय पंजाब प्रांत में रायबहादुर बद्रीदास संघ चालक थे। उन्होंने महाराज हरिसिंह से भेंट कर उन्हें समस्त समस्याओं से अवगत कराया और भारत में विलय के संबंध में बातचीत की।

उत्तर प्रदेश में बैरिस्टर नरेंद्रजीत सिंह तत्कालीन संघ चालक थे और एक विशेष बात, वे कश्मीर के महाराजा हरिसिंह के भी निकट थे। गुरुजी ने नरेंद्रजीत सिंह के साथ महाराजा हरिसिंह से मिलने का निर्णय लिया। गुरुजी दिल्ली प्रांत प्रचारक श्री वसंतराव ओक एवं श्री नरेंद्रजीत सिंह के साथ 18 अक्टूबर, 1947 को श्रीनगर में श्री हरिसिंह के महल, जिसका नाम कर्ण महल था, पहुंचे। महाराज ने महारानी के साथ महल के द्वार पर आकर सभी का स्वागत किया। गुरुजी और महाराज हरिसिंह ने इस विषय पर गहन चर्चा की। तत्पश्चात् गुरुजी वापस आ गए। गुरुजी की सोच सही निकली; पाकिस्तान ने कश्मीर को हड़पने की नीयत से उस पर हमला कर दिया। महाराज हरिसिंह ने भारत से सहायता की मांग करते हुए कश्मीर के भारत में विलय पत्र पर 26 अक्टूबर, 1947 को हस्ताक्षर करके इस बात की पुष्टि कर दी कि कश्मीर अब भारत का अभिन्न अंग है।

इस प्रकार संघ के प्रमुखों के प्रयास से कश्मीर का विलय भारत में हो सका, जिसमें सरदार पटेल की भी महत्त्वपूर्ण भूमिका रही। लेकिन इस समस्या का हल यहां भी नहीं हुआ और समस्या अटक गई।

महाराज हरिसिंह एवं कश्मीरियों के नेता शेख अब्दुल्ला पूर्ण रूप से विलय के लिए तैयार थे फिर पंडित नेहरू का उसमें हस्तक्षेप करना समझ के बाहर है। यदि नेहरूजी सरदार पटेल को अपने तरीके से कार्य करने देते तो कश्मीर समस्या का हल तभी हो जाता। लेकिन नेहरूजी इस विषय को स्वयं के हाथ में लेकर अपने अनुसार कार्य करने लगे। तत्पश्चात् उन्होंने कश्मीर में जनमत-संग्रह करवाने की घोषणा कर दी। दूसरी भूल के रूप में नेहरूजी यह मामला संयुक्त राष्ट्र संघ में ले गए।

भारतीय संविधान के अनुसार कश्मीर भारत के साथ सुरक्षा, यातायात एवं विदेशीय मामलों में सम्मिलित होता है। प्रारंभ में लगभग सभी रियासतें इसी प्रकार से भारत में सम्मिलित हुईं, लेकिन सरदार पटेल ने अथक प्रयास कर सभी रियासतों का पूर्ण विलय भारत में किया था। कश्मीर की समस्या का हल करने के लिए नेहरूजी ने सरदार पटेल के कार्य में हस्तक्षेप किया और उसे स्वयं के हाथ में ले लिया। इस कारण सरदार पटेल भी कुछ न कर सके। अत: जब भारत का संविधान बनकर तैयार हुआ तो कश्मीर इन्हीं मामलों में भारत में सम्मिलित हो सका। इसका लाभ उठाते हुए शेख अब्दुल्ला की नीयत बदलने लगी।

वर्ष 1951 में कश्मीर में विधान सभा के लिए निर्वाचन हुआ। इसमें शेख अब्दुल्ला के दल के लोग सफल हुए और उनकी शक्ति बढ़ती गई। जम्मू में प्रजा परिषद दल के लोग भी विधान सभा में अपना पक्ष रखना चाहते थे परंतु उनके आवेदन रद्द कर दिए गए। तब प्रजा परिषद ने अपनी मांगे रखीं। उनकी मांग थी कि विधान सभा यह पारित करे कि कश्मीर पूर्ण रूप से भारत का अंग है। उनकी यह मांग पूर्ण रूप से उचित ही थी। किंतु उनकी इस मांग को सांप्रदायिक कहा गया।

जम्मू भी कश्मीर के ही अंतर्गत था और प्रजा परिषद को यह संदेह था कि जम्मू-कश्मीर की विधान सभा कश्मीर का भारत से संबंध आधा-अधूरा रखना चाहती है। इस मांग का जब कोई असर दिखाई नहीं दिया तो प्रजा परिषद ने जोर शोर से कार्यवाही की। उनका आंदोलन जोर पकड़ने लगा तो शेख अब्दुल्ला की नींद उड़ गई। उन्होंने आंदोलन को दबाने के उद्देश्य से प्रजा परिषद को अवैध घोषित कर दिया। प्रजा परिषद के जुलूस पर लाठियां, गोलियां चलवाई गईं और धारा-50 के अंतर्गत आंदोलन, जुलूस आदि पर प्रतिबंध लगा दिया गया। नेहरूजी ने भी इसका समर्थन किया।

पांचजन्य के अगस्त, 2000 के अंक में प्रकाशित श्री देवेन्द्र स्वरूप के लेख के अनुसार—"नेहरूजी ने इस आंदोलन के बर्बरतापूर्ण दमन को उचित ठहराया। डॉ. श्यामाप्रसाद मुखर्जी जैसे महान देशभक्त की ओर से

बढ़े सहयोग के हाथ को ठुकरा कर उन्हें आत्मबलिदान के पथ पर धकेल दिया। उधर शेख अब्दुल्ला प्रजा परिषद के आंदोलन से घबरा कर और नेहरूजी की कमजोरी को भांप कर खुल्लम-खुल्ला अमेरिका की गोद में चले गए। उनके राजदूत अमेरिका से खुली मुलाकातें करने लगे। अमरीकी अखबार 'न्यूयार्क टाइम्स' ने आजाद कश्मीर का नक्शा छाप दिया।

जब शेख—नेहरू के बुलावे पर दिल्ली आने को तैयार नहीं हुए तब नेहरू चुपचाप भागे-भागे श्रीनगर गए।

भारतीय इतिहास का यह कितना कष्टदायक और शर्मनाक प्रकरण है कि मई, 1953 में जब भारत केसरी डॉ. श्यामाप्रसाद मुखर्जी को शेख अब्दुल्ला नजरबंद कर मृत्यु के मुंह में झोंकने की तैयारी कर रहे थे, उस समय नेहरू श्रीनगर में मौजूद थे और उनकी मनुहार में लगे थे। उन्होंने डॉ. मुखर्जी से मिलने का कोई प्रयास नहीं किया और शेख ने उन्हें घास नहीं डाली, अत: वे निराश दिल्ली लौटे।

अंत में नेहरूजी ने गुप्तचर विभाग के निदेशक बी.एन. मलिक की सहायता ली। वहां उन्होंने नेशनल कांफ्रेंस में फूट डाली और 7 अगस्त को शेख अब्दुल्ला को बर्खास्त करके 8 अगस्त, 1953 को उन्हें गुलमर्ग से गिरफ्तार किया। 9 अगस्त, 1953 को बख्शी गुलाम मुहम्मद को प्रधानमंत्री पद की शपथ दिलायी गई। किन्तु दु:ख की बात यह है कि नेहरूजी ने डॉ. श्यामाप्रसाद मुखर्जी की प्राणरक्षा के लिए कुछ नहीं किया; उनकी मृत्यु के लिए शेख को जिम्मेदार नहीं ठहराया। यदि नेहरू जी ने उस समय राष्ट्रहित को सामने रखा होता तो भारत को कश्मीर के लिए आज इतना खून न बहाना पड़ता।

बाद में प्रजा परिषद के अध्यक्ष प्रेमनाथ डोगरा राष्ट्रीय स्वयंसेवक संघ के जम्मू के संघचालक बने, तदंतर प्रजा परिषद के आंदोलन प्रमुख भी। जम्मू में सभी उन्हें अपना अग्रज समझते थे। इस आंदोलन में राष्ट्रीय स्वयंसेवक संघ की महत्त्वपूर्ण भूमिका रही। डॉ. श्यामाप्रसाद मुखर्जी भारतीय जनसंघ के प्रथम अध्यक्ष थे एवं संघ से भी उनका अटूट नाता था। इस आंदोलन में उन्हें अपना बलिदान देना पड़ा। संघ के प्रमुख

पदाधिकारियों के साथ डॉ. श्यामाप्रसाद मुखर्जी ने भरसक प्रयत्न किया लेकिन वे षड्यंत्र का शिकार हो गए। शेख अब्दुल्ला ने उन्हें उनके दो अन्य साथियों– श्री गुरुदत्त एवं श्री टेकचंद्र शर्मा के साथ नज़रबंद कर दिया। अंततः वहां डॉ. श्यामाप्रसाद मुखर्जी का रहस्यमय परिस्थितियों में निधन हो गया।

इस प्रकार नेहरूजी की भूलों के कारण कश्मीर की समस्या आज तक बनी हुई है। कश्मीर की समस्या का क्या हल है उसके बारे में गुरुजी ने **'आर्गेनाइजर'** में इस प्रकार अपने विचार प्रकट किए थे—"कश्मीर को अधिकार में रखने का एक मार्ग है कश्मीर का संपूर्ण विलय और धारा 370 को खत्म करना चाहिए। हमारे राष्ट्रीय हित क्या हैं, हमें यह निर्णय करके उनकी सुरक्षा के लिए कदम उठाने चाहिए। जूनागढ़, हैदराबाद या गोवा के विषय में विश्वमत क्या कभी आपकी तरफ था? भारत के हितों की दृष्टि से ही भारत का प्रशासन होना चाहिए।"

कश्मीर के ही विषय में पांचजन्य के 15 फरवरी, 1957 के अंक में गुरुजी के प्रकाशित वक्तव्य के अनुसार—"प्रधानमंत्री नेहरू के भाषण से कुछ गलतफहमी उत्पन्न हो गई है। इलाहाबाद में नेहरूजी ने भाषण दिया कि कश्मीर का प्रश्न कश्मीरियों का स्वयं का है। इस बारे में भारतीयों को दखल देने का अधिकार नहीं है, नेहरूजी को चाहिए कि वे ऐसा वक्तव्य दें कि कश्मीर से कन्याकुमांरी तक भारत एक है।"

जब 22 अक्टूबर, 1947 को पाकिस्तान ने कबायली वेश में कश्मीर पर सैनिक आक्रमण किया तब राष्ट्रीय स्वयंसेवक संघ के स्वयंसेवकों ने महत्त्वपूर्ण भूमिका निभाई। जब भारतीय सैनिक श्रीनगर के हवाई अड्डे पर पाकिस्तानी कबाइलियों को खदेड़ने के लिए पहुंचने लगे तो वह बर्फ से ढका हुआ था, तब राष्ट्रीय स्वयंसेवक संघ के कार्यकर्ताओं ने वहां दिन-रात कार्य करके सेना के पहुंचने से पूर्व ही बर्फ को हटा दिया था ताकि सैनिकों को परेशानी न हो। संघ की नीति एवं कार्यकुशलता से संघ के कार्यकर्ताओं ने स्थानीय गद्दारों पर भी नियंत्रण किया।

इस प्रकार संघ की कश्मीर आंदोलन में महत्त्वपूर्ण भूमिका रही।

बंगाल समस्या–

बंगाल हड़पने के मुस्लिम लीग पूरी तैयारी में थी। वह मुस्लिम बहुल क्षेत्र था। लेकिन डॉ. श्यामाप्रसाद जी के अथक प्रयास से वहां बंगाल का बहुत सा क्षेत्र बचाया जा सका।

16 अगस्त, 1946 से हिंदुओं का बर्बरतापूर्ण कत्लेआम प्रारंभ हो गया। जिसमें लगभग दस हजार लोगों को कत्ल कर दिया गया एवं उनके घरों को आग लगा दी गई। जबर्दस्त लूटपाट हुई। कलकत्ता के समाचार पत्र 'द स्टेट्समैन' ने शीर्षक दिया 'द ग्रेट केलकटा किलिंग'। वहां के हिंदुओं की समस्त आशाएं समाप्त हो चली थीं क्योंकि बंगाल में मुस्लिम लीग का वर्चस्व था। हिंदू स्वयं को असहाय समझने लगे। कांग्रेसी गांधी जी के प्रभाव के कारण कुछ नहीं कहते थे क्योंकि कुछ करने पर उन्हें सांप्रदायिक होने का डर सताता था। इसलिए वे चुप रहे। अब हिंदुओं का रक्षक कौन? तब डॉ. श्यामाप्रसाद मुखर्जी ने अग्रणी भूमिका निभाई।

अक्टूबर, 1946 को एक बार पुनः दंगा भड़का। यह दंगा नौआखली जिले में भड़का था। नौआखली अब बंगलादेश में है। तब नौआखली जिले में हिंदू केवल 18% थे और बाकी मुसलमान थे। यहां भी हिंदुओं की दुर्दशा हुई। उस समय हिंदुओं की दुर्दशा का अनुमान पांचजन्य के अगस्त, 2000 के अंक में श्री शिवकुमार गोयल के इस लेख से लगाया जा सकता है :

"भारत विभाजन की घोषणा होते ही नौआखली में मुस्लिम अराजक तत्त्वों ने हिंदुओं पर अमानवीय अत्याचार शुरू कर दिए थे। हिंदू युवतियों को अपमानित कर उनके शरीर पर 'पाकिस्तान जिंदाबाद' अंकित कर जुलूस निकालकर उन्होंने राक्षसी प्रवृत्ति का परिचय दिया। हृदय दहला देने वाले इस प्रकार के समाचार सुनते ही डॉ. श्यामाप्रसाद जी प्राणों की चिंता किए बिना नौआखली पहुंचे! वे नौआखली के प्रमुख हिंदू नेताओं से मिले। उन्हें साथ लेकर वे एक प्रमुख मुस्लिम नेता के पास पहुंचे तथा निर्भीकता के साथ कहा कि 'मियां,.मैं आज यहां अपनी आंखों से इस बर्बरता के कृत्यों को देखकर आश्चर्यचकित हो उठा हूं। आप सबकी मौन स्वीकृति के बिना

ऐसी बर्बरतापूर्ण घटनाएं कदापि नहीं हो सकतीं। आप यह अच्छी तरह समझ लें कि यदि पश्चिम बंगाल व बिहार के कुछ क्षेत्रों में इन घटनाओं की प्रतिक्रिया होनी शुरू हो गई तो वहां रहने वाले मुसलमानों में से एक भी जीवित नहीं बच पाएगा, जबकि अब तक हिंदू वहां के मुस्लिमों की सुरक्षा का पूर्ण दायित्व निभा रहे हैं।" इस प्रकार, डॉक्टर मुखर्जी के प्रयास से कई सौ हिंदू कन्याओं को मुक्त कराकर कोलकाता भेजा गया।

लार्ड माउंटबेटन ने अब तक विभाजन के लिए रूपरेखा बना ली थी। साथ ही यह भी कहा गया कि बंगाल मुस्लिम बहुल है, अतः वह पाकिस्तान में सम्मिलित हो जाएगा। इसके विरोध में डॉ. श्यामाप्रसाद मुखर्जी ने प्रयास किया जिसका हिंदुओं ने भी समर्थन किया। तभी बंगाल के तत्कालीन मुख्यमंत्री सुहरावर्दी ने मुस्लिम दलों को उकसाकर नौआखली में दंगे भड़काए।

डॉ. श्यामाप्रसाद जी ने हिंदुओं का पक्ष प्रस्तुत करते हुए कहा था—"एक स्वतंत्र बंगाल की कोई जरूरत नहीं। हम पिछले 10 वर्षों से मुस्लिम लीग के शासन में रह रहे हैं। इस दौरान बंगाल के हिंदुओं ने राजनीतिक, आर्थिक, शैक्षिक व अन्य प्रकार के कष्ट सहे हैं। यह तब हुआ जब अंग्रेज भारत में रहे। लेकिन यदि एक स्वतंत्र संयुक्त बंगाल राज्य बन जाएगा तो ब्रिटिश सत्ता के तहत ही हिंदुओं पर कहर ढाने वाली मुस्लिम लीग की सरकार पर हम भरोसा कैसे कर सकते हैं।"

इस प्रकार श्यामाप्रसाद जी के प्रयास द्वारा पूरा बंगाल पाकिस्तान में मिलने से बचाया जा सका और बंगाल को दो भागों में विभाजित कर बंगाल का एक भाग जो कि पश्चिम बंगाल के हिंदुओं का था, वह भारत में रहा और बंगाल का पूर्वी हिस्सा पाकिस्तान का भाग बना लेकिन बाद में वह बंगलादेश बना।

अतः पूर्वी बंगाल (नौआखली में) में मुसलमानों द्वारा हिंदुओं पर किए गए अमानवीय अत्याचारों को देख गुरुजी का मन भी विचलित हो गया। हिंदुओं को वहां से भगाया जाने लगा। उनको निर्वासित होना पड़ा। तब गुरुजी ने कोलकाता जाकर वहां की स्थिति को करीब से अनुभव किया।

हिंदुओं की करुण दशा देखकर उनका हृदय विह्वल हो उठा। उन्होंने हिंदुओं की सहायतार्थ एक वास्तुहारा सहायता समिति स्थापित की। इस समिति का अध्यक्ष बैरिस्टर श्री रणदेव चौधरी को बनाया गया। इस समिति की स्थापना 8 फरवरी, 1950 को हुई थी। गुरुजी श्यामाप्रसाद जी के प्रयास से अत्यंत प्रसन्न थे।

वहां सहायता कार्य प्रारंभ करवाकर गुरुजी मार्च में दिल्ली आए और कोलकाता में हिंदुओं की दशा पर वक्तव्य देते हुए उन्होंने वहां के लोगों की सहायता के लिए आगे आने को कहा। उनका वह वक्तव्य इस प्रकार था—"हाल ही में मैं बंगाल होकर आया हूं और अनेक सूत्रों द्वारा पूर्वी बंगाल के बारे में भी जानकारी के बाद मुझे विश्वास हो गया है कि वहां के हिंदुओं की अतिशीघ्र सहायता करना अति आवश्यक है। वहां के लोगों की दुर्दशा को बताना असंभव है। पूर्वी बंगाल से अमानुषिक हत्याओं, आगजनी, लूटमार, बलात्कार एवं धर्म परिवर्तन के समाचार लगातार मिल रहे हैं। लोगों को मारपीट कर निर्वासित किया जा रहा है। पूर्वी बंगाल से हिंदुओं को बेघर कर इस ओर भगाया जा रहा है। इन लगभग डेढ़ करोड़ अभागे निर्वासितों को हम क्या कहेंगे—स्वदेशी अथवा विदेशी? पुनर्वास मंत्री ने उन्हें विदेशी मानकर यह विचार बना लिया है कि उन लोगों का बोझ हमारे ऊपर आ गया है। इस विचार को अमानुषिक कहा जा सकता है। प्रधानमंत्री से प्रार्थना है कि वे पाकिस्तान के पाशविक अत्याचारों के निराकरण के लिए उपाय करें। साथ ही सभी लोगों को चाहिए कि तन-मन-धन से सेवा के लिए आगे आएं तथा हृदय से इन दुःखी भाई-बहनों को आने दें और उनकी सहायता करें।"

इस प्रकार गुरुजी ने निर्वासित हिंदुओं के पुनरुत्थान के लिए, उन्हें पुनः बसाने के लिए लोगों से प्रार्थना कर, संघ के कार्यकर्ताओं को उनकी सेवा में एवं उनकी सहायता के लिए सामग्री जुटाने, एकत्रित करने के कार्य सौंप दिए। स्वयंसेवकों ने संपूर्ण निष्ठा से इस कार्य में जुट कर सहायता कार्य प्रारंभ किया। पूरे देश से संघ के स्वयंसेवकों ने घर-घर जाकर लोगों की सहायता के लिए अनाज, कपड़े आदि अन्य सामग्रियां एकत्रित कीं।

साथ ही लोगों के लिए बंगाल में पंद्रह स्थानों पर तथा असम में ग्यारह स्थानों पर सहायता की व्यवस्था की। संघ के लोगों ने वहां दिन-रात सेवा की। वहां स्थापित शिविरों में अस्सी हजार से अधिक लोग प्रतिदिन भोजन किया करते थे। यह कार्य छह माह तक लगातार चला। लोगों को कपड़े आदि वितरित किए गए। बहुत-से लोगों को कई स्थानों पर कार्य पर लगाया गया और उन्हें पुन: जीवनयापन करने योग्य बनाया गया। यह सभी कार्य गुरुजी द्वारा स्थापित वास्तुहारा समिति के अंतर्गत किए गए।

गुरुजी के निर्देशन में संघ के लोगों द्वारा यह कार्य लगातार चल रहा था। जिसकी चहुं ओर प्रशंसा हो रही थी। तभी एक विपदा और सामने आ खड़ी हुई। अगस्त माह में असम में विनाशकारी भूकंप आ गया, जिससे जबरदस्त क्षति हुई। अनेक मकान और पुल टूट गए। जगह-जगह भूमि पर दरारें आ गईं। इस स्थिति से निबटने के लिए संघ-कार्यकर्ताओं ने सहायता के लिए कदम बढ़ाए और इनकी सहायता के लिए 'भूकंप पीड़ित सहायता समिति' स्थापित कर इसकी बागडोर न्यायमूर्ति श्री कामाख्या रामबरुआ को सौंपी गई और पीड़ितों की सहायता का कार्य जबर्दस्त रूप में प्रारंभ हुआ। तत्पश्चात् गुरुजी स्वयं असम पहुंचे और सहायता कार्य व राष्ट्रीय स्वयंसेवकों के कार्यों से अत्यंत प्रसन्न हुए।

वहां गुरुजी ने संघ एवं अन्य संस्थाओं के सहायता कार्य के प्रति प्रसन्नता प्रकट की। उनका यह वक्तव्य, नई दिल्ली से प्रकाशित 'आर्गेनाइजर' में 16 अक्टूबर, 1950 के अंक में प्रकाशित हुआ। उसके अनुसार—"असम में आए इस भयानक भूकंप के कारण जीवन एवं सम्पत्ति की भयंकर क्षति हुई है। इसके लिए सरकारी एवं गैर सरकारी संस्थाओं ने सहायता के लिए कार्य प्रारंभ किया। मैं यह जानकर अति प्रसन्न हूं कि सबसे पहले राष्ट्रीय स्वयंसेवक संघ की असम शाखा ने संगठित रूप से सहायता की। समस्या की विशालता को देखते हुए जो भी हुआ है अथवा हो रहा है वह अत्यंत अल्प है। यह स्थानीय नहीं, अपितु एक राष्ट्रीय विपत्ति है। इस प्रकार की आपदाएं ही राष्ट्रीय एकता एवं लोगों के सेवा भाव की कसौटी होती हैं। मैं भारतवासियों से अभ्यर्चना करता हूं कि वे चल रहे सहायता कार्य के निमित्त उदारतापूर्वक धन-वस्त्र आदि द्वारा सहायता करें।"

इसी प्रकार जब 1954 में बंगाल, बिहार एवं असम में बाढ़ आई तब बाधित लोगों की संघ ने जमकर सहायता की। वहां लाखों लोगों के घर बह गए। वे बेघर होकर सड़क पर आ गए। एक बार पुनः गुरुजी ने सहायता के लिए लोगों से आगे आने को कहा। उन्होंने आह्वान किया—"बाढ़ के कारण बिहार, बंगाल एवं असम में लाखों लोगों के घर बह गए, नष्ट हो गए हैं। गांव के गांव जलमग्न हो गए हैं। पीड़ितों की सहायता करने का दायित्व हमारा है। बिहार में राष्ट्रीय स्वयंसेवक संघ ने लोगों की सहायता हेतु एक समिति का गठन किया है जिसमें आप अपना सहयोग दे सकते हैं। इस कार्य के लिए सरकार ने भी पीड़ितों की सहायता के लिए बहुत कुछ करने का संकल्प किया है। जनता के सहयोग से इस प्रकार का कार्य सुगमता से संपन्न होता है। अतः मैं सरकार से अनुरोध करता हूं कि वह राष्ट्रीय स्वयंसेवक संघ एवं अन्य संगठनों का, सेवा ही जिनका आदर्श है, सहायता कार्यों को प्रभावी बनाने के लिए सहयोग प्राप्त करें।"

इस तरह जब भी कोई प्राकृतिक आपदा या अन्य किसी भी प्रकार की विपत्ति आती तो राष्ट्रीय स्वयंसेवक संघ के लोग सर्वप्रथम आगे आकर सेवाभाव से सहायता में जुट जाते। गुरुजी का कहना था कि 'किसी भी प्रकार की सहायता किसी को दो तो यह नहीं सोचना चाहिए की हमने उस पर उपकार किया है। बल्कि लोगों की परेशानी में उनकी सहायता स्वयं ही करनी चाहिए, न कि कोई कहे कि सहायता करो तब उसकी सहायता की जाए। सेवा भाव हम सभी के दिलों में स्वतः ही आना चाहिए।'

गोवा मुक्ति आंदोलन–

भारत की स्वतंत्रता के बाद गोवा में पुर्तगालियों ने अपना अड्डा जमा रखा था और वे गोवा छोड़कर जाने का नाम नहीं ले रहे थे। अतः उनसे मुक्ति पाने तथा उन्हें वहां से खदेड़ने के उद्देश्य को लेकर **'गोवा विमोचन समिति'** स्थापित की गई और कार्यवाही प्रारंभ हुई। इसके लिए सरकार से भी सहायता के लिए कहा गया। तत्पश्चात् वर्ष 1955 में गोवा मुक्ति के उद्देश्य को लेकर व्यापक रूप से **'गोवा मुक्ति आंदोलन'** छेड़ दिया गया।

गोवा मुक्ति आंदोलन में राष्ट्रीय स्वयंसेवक संघ के सेवकों ने बढ़-चढ़ कर भागीदारी कर अपनी उपस्थिति दर्ज कराई। इस आंदोलन ने उग्र रूप भी लिया; गोलियां भी चलीं। जिसमें राष्ट्रीय स्वयंसेवक संघ का एक कार्यकर्ता राजाभाऊ महंकाल शहीद हुआ। इसके अतिरिक्त आंदोलनकारियों पर अत्याचार भी हुए।

सरकार को चाहिए था कि वह पुर्तगालियों को खदेड़ने के लिए आंदोलनकारियों का साथ देती, लेकिन उसने इस ओर ध्यान नहीं दिया, अपितु आंदोलन कर अपने ही देश की धरती को विदेशियों से मुक्त करवाने के लिए प्रयासरत लोगों पर लगाम कसना प्रारंभ कर दिया। यह देखकर गुरुजी से रहा नहीं गया। उन्होंने अपना एक वक्तव्य प्रकाशित करवाया। वह वक्तव्य इस प्रकार था–

"सरकार के लिए गोवा में पुलिस कार्यवाही करके गोवा की मुक्ति के लिए सर्वोत्तम अवसर है। ऐसा अवसर फिर कभी नहीं आएगा। इस कार्य से हमारी अंतरराष्ट्रीय प्रतिष्ठा में वृद्धि होगी एवं हमारे अड़ोसी-पड़ोसी राष्ट्र जो हमें धमकाते रहते हैं, उन्हें भी सबक मिल जाएगा। अत: अवसर का लाभ उठाना चाहिए। किंतु भारत सरकार ने गोवा मुक्ति आंदोलन का साथ न देने की घोषणा करके मुक्ति आंदोलन की पीठ में छुरा घोंप दिया है जबकि भारत सरकार को यह चाहिए कि मातृभूमि का वह भाग जो अभी तक विदेशियों की दासता में जकड़ा हुआ है, उसे मुक्त कराने के उपाय करें। बंबई में पुलिस ने प्रदर्शनकारियों पर गोलियां चला कर जो कार्य किया है, वह वीरता उन्होंने गोवा की मुक्ति के लिए दिखायी होती तो पुर्तगाली गोवा से भाग जाते।"

अंतत: सरकार ने सैनिक कार्यवाही की और वर्ष 1962 में गोवा को पुर्तगालियों से मुक्त करा लिया गया और इस प्रकार गोवा मुक्ति आंदोलन की समाप्ति हुई।

राष्ट्रीय स्वयंसेवकों ने गुरुजी की आज्ञा द्वारा पुणे के संघचालक विनायक राव आपटे के नेतृत्व में दादरा और नगर हवेली में पुर्तगालियों की

बस्तियों पर लगभग सौ स्वयंसेवकों ने गुरिल्ला रणनीति द्वारा आक्रमण कर सेल्वासा के पुलिस मुख्यालय के 175 सैनिकों से आत्मसमर्पण करवाकर, दादरा और नगर हवेली पर अपना प्रभुत्व कायम किया और वहां तिरंगा झण्डा फहराया; फिर वह स्थान केंद्र सरकार के सुपुर्द कर दिया।

इस प्रकार संघ के स्वयंसेवकों ने अपने साहसिक कार्य में एक और अध्याय जोड़कर यह सिद्ध कर दिया कि आवश्यकता पड़ने पर वे युद्ध की नीति अपनाकर युद्ध में विजय प्राप्त करके अपनी मातृभूमि से दुश्मन को खदेड़ भी सकते हैं।

राज्य पुनर्गठन आयोग–

भारत सरकार द्वारा राज्यों के पुनर्गठन के उद्देश्य से राज्य पुनर्गठन आयोग की स्थापना की गई। इस आयोग के गठन के बाद देश में राज्यों के विषयों को लेकर अनेक प्रकार की समस्याएं उपस्थित होने लगीं। जिनमें प्रमुख थीं कि राज्यों को उनकी भाषा के अनुसार पुनर्गठित किया जाए, अर्थात् भाषा के अनुसार प्रांतों का गठन हो, जो कि उचित नहीं था।

उसी समय गुरुजी की अध्यक्षता में बंबई में प्रांतीयता विरोधी सम्मेलन हुआ। इस सम्मेलन के अध्यक्षीय भाषण में गुरुजी ने कहा— "मैं एक देश, एक राज्य का समर्थक हूं। एक ओर, समस्त संसार का एक राज्य बने, ऐसा कहा जाता है और दूसरी ओर संपूर्ण भारत एक राज्य हो, ऐसा विचार किसी ने रखा तो कुछ लोगों की भौंहें तन जाती हैं, जबकि भारत में एक ही केंद्र शासन होना चाहिए और शासन व्यवस्था की दृष्टि से राज्य के स्थान पर विभाग होने चाहिए। आज हमारे नेतागण महाराष्ट्री, गुजराती आदि भिन्न संस्कृतियों की बातें करते हैं। किंतु हमारी तो सागर से हिमालय तक एक ही संस्कृति है और संस्कृति राष्ट्र की आत्मा होती है। इसी कारण हमें देश की संस्कृति, राष्ट्रधर्म, कुलधर्म, परंपरा की रक्षा करनी चाहिए। देश को धर्मशाला बनाकर काम नहीं चलेगा। सौदेबाजी की भाषा को बंद कर हमें राष्ट्र का विचार करना चाहिए और यही आज की महती आवश्यकता है।"

नेहरूजी ने भाषा के आधार पर आंध्र को राज्य निर्माण के लिए मान्यता प्रदान कर दी थी, परंतु गुजरात और महाराष्ट्र प्रांतों को संयुक्त रूप से एक द्विभाषी राज्य बनाया गया था। इसका विरोध किया गया और इसके विरोध में संयुक्त महाराष्ट्र समिति के साथ व्यापक आंदोलन चलाया गया। जब आंदोलन का प्रभाव बढ़ता गया तब बंबई सरकार ने इस आंदोलन को समाप्त करने के उद्देश्य से आंदोलनकारियों पर दमन चक्र प्रारंभ किया, जिसका सर्वत्र विरोध हुआ। लेकिन फिर भी दमन चक्र जारी रहा। इस पर गुरुजी ने कहा—"सरकार गुंडों की सहायता से सत्याग्रह को कुचलना चाहती है। सरकार द्वारा प्रोत्साहित गुंडाशाही को सहना अब असंभव है और यदि मैंने इस गुंडागर्दी का विरोध नहीं किया तो यह माना जाएगा कि मैंने अपने कर्तव्य का निर्वाह नहीं किया।"

इस प्रकार, देश में जहां विपत्ति आई, गुरुजी ने हर स्थान पर अपने संघ के कार्यकर्ताओं के साथ हरसंभव प्रयास कर सहायता पहुंचाई और उनकी समस्याएं सुलझाईं।

•••

अध्याय–5

युद्ध और श्री गुरुजी

देश में जहां-जहां भी जरूरत पड़ती थी; गुरुजी अपने कर्मठ स्वयंसेवकों के साथ वहां चट्टान की भांति जा खड़े होते थे और फिर फौलाद की बनी उस चट्टान के फौलादी इरादों से टकरा कर बड़ी-बड़ी समस्याएं, भीषणतम बाधाएं—सभी दम तोड़ देती थीं।

भारत-चीन युद्ध–

सन् 1962 में चीन ने भारत पर आक्रमण किया तब गुरुजी ने संघ के स्वयंसेवकों सहित देश के सभी नागरिकों को देश के साथ मिलकर दुश्मनों को खदेड़ने का आह्वान किया। गुरुजी ने कहा—"अब शत्रु देश की सीमा में आ घुसा है। सभी राष्ट्रभक्तों को अब अपने छोटे-मोटे मतभेदों को भुलाकर, कंधे-से-कंधा मिलाकर एक अभेद्य शक्ति के रूप में खड़े होना है। शासन के आवाहन पर पुष्ट शरीरधारी सभी पुरुषों को सेना के विभिन्न भागों में काम करने के लिए पर्याप्त संख्या में तत्परता से आने के लिए तैयार रहना भी आवश्यक है। विध्वंसक कार्यवाहियां भी होने की संभावना है। अत: गांवों में, नगरों के प्रत्येक मोहल्ले में सभी को संगठित होकर इस ओर ध्यान देना है। संकट बड़ा है, सत्य है, अत: जनता के मन में संतुलन, धैर्य, आपसी विश्वास तथा संकट पर निश्चित विजय पाकर राष्ट्र की ध्वजा जगत् में अधिक से अधिक ऊंची उठाने का विश्वास उससे भी बड़ा होना चाहिए।"

गुरुजी ने अपने इस वक्तव्य द्वारा सभी को अपने ऊपर दृढ़ विश्वास

कर विपत्ति के समय एक होकर दुश्मन से लड़ने की प्रेरणा दी। साथ ही देश के युवाओं को दुश्मन को खदेड़ने के लिए सेना में आवश्यकता पर अपनी सेवाओं के लिए तैयार रहने को कहा।

जब चीनी सेना आक्रमण करती हुई आगे बढ़ रही थी और जब वे अरुणाचल प्रदेश में प्रवेश कर चारद्वार से आगे की ओर बढ़ने लगीं तो अरुणाचल प्रदेश के तेजपुर प्रशासन के होश उड़ने लगे और उनका मनोबल डगमगाने लगा। तब वहां के जिलाधिकारी एवं अन्य उच्च पदाधिकारियों ने लोगों को शहर छोड़कर भागने का आदेश दिया और स्वयं भी शहर छोड़कर देश की भूमि को भगवान भरोसे छोड़कर भाग खड़े हुए। शहर की जेलों से कैदियों को, पागलखाने से पागलों को दरवाजे खोलकर भागने दिया गया। यहां तक कि बैंक में सुरक्षित रखे नोटों को जलाया जाने लगा, सिक्कों को तालाब में फेंका गया। उसी रात नेहरू जी ने आकाशवाणी से वहां के लोगों के लिए कुछ करने के बजाए यह कहा कि 'मेरा हृदय तो असम के लोगों के साथ पीछे छूटा जा रहा है।' अर्थात् असम अब अपने हाथों से निकल रहा है। यह अत्यंत दुर्भाग्यपूर्ण शब्द थे। इसका तात्पर्य यही हुआ कि चीन की सेना से हम वहां के लोगों की रक्षा नहीं कर सकते हैं। इस प्रकार उन लोगों को वहां भगवान भरोसे छोड़ दिया गया और चाहे जब दुश्मन आकर उन्हें दबोच सकता था। तब संघ के लोगों ने आगे आकर प्रयास किया। पद्मप्रसाद एवं पद्मजाकान्त सेनापति आदि संघ के लोगों ने मिलकर भारतीय सेना के अधिकारियों के साथ विचार-विमर्श कर उन घरों की रक्षा की, जिन्हें लोग छोड़ कर भाग गए थे। अगर संघ के लोग इन घरों की सुरक्षा नहीं करते तो पूर्वी पाकिस्तान (अब बंगलादेश) से घुसपैठिये घुसकर उन घरों की सम्पत्ति लूट कर ले जाते।

इस प्रकार वहां के अधिकारी तक अपने ही क्षेत्र के लोगों को छोड़ भागे। देश के प्रधानमंत्री ने भी आशा छोड़ दी। यहां तक फखरुद्दीन अली अहमद जोकि उस समय असम के राजस्व मंत्री थे, उन्होंने भी असमर्थता प्रकट करते हुए वहां के बिजली घर को विस्फोट द्वारा नष्ट कर देने के

लिए कह दिया था। जबकि सभी को पूरे जोश के साथ डटकर दुश्मनों को खदेड़ना चाहिए था। स्थिति को समझते हुए संघ के कार्यकर्ताओं ने त्वरित कार्यवाही कर अपना प्रयास प्रारंभ किया। कुछ समय पश्चात् चीन ने स्वयं ही एकतरफा युद्ध समाप्ति की बात कह दी। तत्पश्चात् धीरे-धीरे जन-जीवन सामान्य होता चला गया।

भारत पर हुए इस चीनी आक्रमण के विषय में गुरुजी ने बम्बई में 2 फरवरी, 1960 को पत्रकारों से कहा—"चीनी आक्रमण का समाचार मुझे लगभग चार वर्ष पूर्व ही मिल गया था। मैंने अपने भाषणों में इस विषय की चर्चा भी की थी। तब कोलकाता के एक पत्र ने मुझे गैर जिम्मेदार ठहरा दिया था। परंतु अब जब सत्यता प्रकट हो गई है तो सभी समझ सकते हैं। दु:खद बात तो यह है कि भारत ने शुरू से ही तिब्बत पर चीन का प्रभुत्व स्वीकार करके बड़ी भारी गलती की। सीमा पर ब्रिटिश काल में अंग्रेजों ने संधि द्वारा वहां सेना खड़ी की थी लेकिन बाद में उसे वापस बुला लिया गया। यदि शुरू से ही उचित कार्य किया जाता तो सेना को न हटाया जाता। भारत सरकार पूर्व से ही सीमा के प्रश्न पर उदासीन रही है। अपनी सीमाओं की सुरक्षा के लिए हमें चौकन्ना होना होगा।"

इसी संदर्भ में गुरुजी ने 23 दिसम्बर, 1962 को दिल्ली में भाषण देते हुए कहा—"पिछले दो माह से चीन के शासन ने देश पर आक्रमण करना प्रारम्भ कर दिया है। प्रारंभ कर दिया है, मैंने इसलिए कहा कि उसको आक्रमण के नाते 'स्वीकार' करने में हमारे शासन ने पिछले दो महीने से तत्परता दिखाई है, वैसे देखा जाए तो यह आक्रमण 10-12 साल पुराना है। मेरे जैसे एक सामान्य मनुष्य ने लगभग 10 वर्ष पूर्व चीन का भारतीय क्षेत्र में प्रवेश और उसके द्वारा भारत में अपनी स्थिति मजबूत बनाने के लिए किए गए प्रयत्नों का उल्लेख किया था। किंतु हम लोग विश्व बंधुत्व के भाव में इतने डूबे हुए थे कि उस ओर ध्यान देने का मन में कभी विचार तक पैदा नहीं हुआ। यह बात अपने बड़े लोगों के बारे में कही जा सकती है। कुछ लोग कहते हैं कि पं. नेहरू के हाथ मजबूत करो। परंतु आज सच्ची आवश्यकता पंडित नेहरू के हृदय व

हाथ दोनों मजबूत करने की है। उनके हृदय में यह संकल्प बने कि राष्ट्र के प्रजातांत्रिक जीवन और संपूर्ण मातृभूमि की स्थिर सुरक्षा के लिए जितने भी युद्ध आवश्यक हैं, अवश्य करेंगे। अब, जब कि हम चीन के विषय में अपनी मिथ्या कल्पनाएं छोड़ रहे हैं, तो तिब्बत की स्वतंत्रता की घोषणा करें। दलाईलामा की सरकार की मदद करें, तो शत्रु को भारतीय सीमा में ही नहीं वरन् तिब्बत की उत्तरी सीमा में उस पार धकेलने में अवश्य सफलता मिलेगी। इसी प्रकार से चीन को नियमित व संयमित किया जा सकता है।"

उपर्युक्त भाषण के पूर्व गुरुजी ने एक भाषण नागपुर में 5 नवम्बर, 1962 को दिया था जिसमें उन्होंने भारत के पंचशील के सिद्धांत की चीन द्वारा अस्वीकृति और तिब्बत की सहायता कर उसे चीन के शिकंजे से बचाने के विषय में कहा था। साथ ही उन्होंने पाकिस्तानी आक्रमण के खतरे से भी सजग रहने को कहा था। उनका वह भाषण इस प्रकार था–

"भारत द्वारा पंचशील संधि को अब जबकि चीन ने अस्वीकृत कर दिया है और वह हमारी सीमाओं का अतिक्रमण कर रहा है, हमें तिब्बत को स्वाधीन कराने का हर संभव प्रयास करना चाहिए। पाकिस्तान वर्तमान संकटपूर्ण स्थिति से लाभ उठाने के बारे में सोच सकता है और मुझे संशय है कि अमेरिका उसे नियंत्रित कर सकेगा।"

इसी भाषण में उन्होंने नेपाल, जो कि एकमात्र हिंदू राष्ट्र है, उसके साथ अपने संबंध के विषय में कहा—"नेपाल के साथ शीघ्रातिशीघ्र मधुर एवं प्रगाढ़ संबंध स्थापित करना भारत सरकार के लिए आवश्यक है। नेपाल नरेश के साथ सौहार्दपूर्ण संबंध स्थापित करना कठिन नहीं है। अंततः वे हमारे अपने अंश हैं। हिंदू होने के कारण उनकी जड़ें यहीं हैं। यदि हम इसमें विफल रहे तो हमारी कठिनाइयां और बढ़ेंगी।"

गुरुजी ने नेपाल जैसे हिंदू राष्ट्र के साथ अपने देश के मित्रतापूर्ण संबंधों को प्रगाढ़ करने का संदेश इसलिए दिया ताकि चीन की तरफ से होने वाले भविष्य के खतरे में सहायता मिल सके। साथ ही नेपाल हिंदू

राष्ट्र है और भारत जैसे हिंदू बाहुल्य देश को उससे प्रगाढ़ संबंध स्थापित करना अति आवश्यक है।

यदि व्यक्ति अथवा राष्ट्र स्वयं को बलवान बना ले; अर्थात् जब कोई व्यक्ति जो कि पहलवान हो अथवा दिमाग का तेज हो तो उससे टकराने वाला कोई अन्य व्यक्ति पहले ही भयभीत हो जाएगा क्योंकि वह यह याद रखेगा की सामने वाला पहलवान है या दिमागी ताकत में उससे ज्यादा है। इसी प्रकार जब कोई राष्ट्र अपनी सीमाओं की सुरक्षा को चुस्त-दुरुस्त रखे एवं अपनी अंदरूनी शक्ति को भी सुदृढ़ रखे तब कोई शत्रु राष्ट्र उस पर आक्रमण करने से पूर्व बहुत विचार-विमर्श करेगा या आक्रमण का विचार ही त्याग देगा। इसी प्रकार का एक उपयोगी संदेश गुरुजी ने अपने एक लेख 'युद्ध एक दैवी विधान' में दिया। गुरुजी का यह लेख पाञ्चजन्य के 15 दिसम्बर, 1963 के अंक में प्रकाशित हुआ। उनके उस लेख के प्रमुख अंश इस प्रकार हैं–

"इस जगत् में जो बलवान है वह निर्बल पर आक्रमण किए बिना नहीं रहता। पंचशील और सह-अस्तित्व के हम चाहे जितने भी नारे लगाएं पर दुर्बल और बलवान के बीच सह-अस्तित्व की कल्पना सत्य सृष्टि में आज तक तो परिणत नहीं की जा सकी है। हमारे पूर्वजों ने मनुष्य स्वभाव के दोष को ध्यान में रखते हुए कहा है कि संसार में संघर्ष अटल है। वे कल्पना जगत् में विचरण करने वाले लोग नहीं थे। जीवन के कठोर तथ्यों का विचार और अनुभव कर उन्होंने कहा कि 'जीवो जीवस्य जीवनम्' का न्याय अटल है। इसलिए जो व्यक्ति या राष्ट्र स्वयं को जीवित रखना चाहता है, उसे स्वयं बलवान बनकर खड़ा रहना होगा। जिससे कोई दूसरा उसे भक्ष्य बनाने का दुस्साहस न कर सके। इसलिए राष्ट्र को स्वयं को बलवान बनाना आवश्यक है।"

पहला भारत-पाकिस्तान युद्ध (1965)

पाकिस्तान की नीयत प्रारंभ से ही ठीक नहीं थी। भारत-पाक विभाजन के बाद पाकिस्तान ने अपनी गंदी नीयत को कुछ माह में ही जग-जाहिर कर दिया था। जब उसने कबाइलियों के रूप में कश्मीर पर धावा बोला था।

लेकिन भारत के वीर सैनिकों ने उन्हें वहीं पर वापस खदेड़ भगाया था, जहां से वे आए थे।

वर्ष 1965 में पाकिस्तान ने पुन: सिर उठाया और भारत पर एक बार पुन: युद्ध थोप दिया। अब पंडित जवाहरलाल नेहरूजी नहीं थे। इस समय देश के प्रधानमंत्री श्री लाल बहादुर शास्त्री थे। गुरुजी के मार्ग दर्शन में संघ के कार्यकर्ता पुन: पूर्ण उत्साह से सेवा कार्यों के लिए खड़े हुए और जुट गए।

गुरुजी ने सितंबर 1965 में अपने भाषण में युद्ध के विषय में बात करते हुए संघ के कार्यकर्ताओं का आह्वान किया—"आज पाकिस्तान के आक्रमण के परिणामस्वरूप हमारे देश पर थोपा हुआ युद्ध गंभीर संघर्ष का रूप धारण करता जा रहा है। हम सभी को परिस्थितियों की चुनौती को स्वीकार करना होगा तथा दृढ़ता और धैर्यपूर्वक चलकर पूर्ण सफलता प्राप्त करनी होगी। अत: मैं सभी देशवासियों तथा विशेषत: राष्ट्रीय स्वयंसेवक संघ के बंधुओं का आह्वान करता हूं कि जो-जो समस्याएं पैदा हों, उन्हें दूर करने में वे सरकार का पूरा सहयोग करें। हम सत्य के लिए तथा अपनी मातृभूमि की एकता, अखंडता और सम्मान के लिए लड़ रहे हैं। हमारी विजय सुनिश्चित है।"

गुरुजी के इस उत्साह से भरे भाषण को सुनकर संघ के कार्यकर्ता अपनी क्षमतानुसार सेवा कार्य के लिए चल पड़े।

चाहे वह कैसा भी कार्य हो, संघ के कार्यकर्ता उसे अपने हाथ में लेकर अपनी सूझबूझ से करते थे। जब यातायात नियंत्रण की आवश्यकता पड़ती तो यह कार्य संघ के कार्यकर्ता करते। इनके इस कार्य से, यातायात सेवा में लगे पुलिसकर्मी उन कार्यों को करते जो उनके लिए व देशहित के लिए अति आवश्यक थे। ऐसी किसी भी आवश्यकता के लिए संघ कार्यालय में सूचना पर संघ कार्यकर्ता सेवा के लिए पहुंच जाते। इसी प्रकार जब सेना के घायल जवानों को रक्त की आवश्यकता पड़ी, तब सेना के अस्पताल में लगभग पांच सौ स्वयंसेवक रक्तदान के लिए उपस्थित हो गए। उन्होंने रक्तदान किया। तब अस्पताल के नियमानुसार रक्तदान करने पर प्रति व्यक्ति

दस रुपये दिए जाते थे, अतः स्वयंसेवकों को भी दस-दस रुपये दिए जाने लगे, तब स्वयंसेवकों ने वे रुपये लेने से मना करते हुए कहा कि 'इनका सदुपयोग उन वीर सैनिकों की सेवा में किया जाए जो युद्ध में घायल हुए हैं।' इसी प्रकार जब जम्मू में विस्थापितों की स्थिति खराब होने लगी और उनकी संख्या बढ़ने लगी तब संघ के कार्यकर्ताओं ने सहायता समिति द्वारा भोजनादि की व्यवस्था करवाई।

युद्ध समाप्त होने पर भारतीय सेना के जनरल कुलवंत सिंह ने संघ के कार्यकर्त्ताओं की जमकर प्रशंसा की और उनके सहयोग के लिए उन्हें धन्यवाद देते हुए कहा—"पंजाब भारत की रक्षक भुजा है और राष्ट्रीय स्वयंसेवक संघ पंजाब की।" साथ ही उन्होंने गुरुजी को भी संघ सेवकों को उनके मार्ग-दर्शन के लिए धन्यवाद दिया।

युद्ध में वीरगति प्राप्त भारतीय सैनिकों के प्रति गुरुजी के मन में प्रगाढ़ श्रद्धा थी। इसका सुंदर रूप उनके उस पत्र में देखा जा सकता है, जो उन्होंने इस युद्ध में शहीद हुए सैनिक के माता-पिता को सांत्वना देते हुए लिखा था-

"आपके सुपुत्र मेजर यशवंतराव मातृभूमि की रक्षा करते हुए शहीद हुए। यह समाचार विदित हुआ। पुत्र-वियोग भारी है लेकिन आपके पुत्र ने वंश धन्य किया। यह अभिमानास्पद बोध आपका सांत्वन करे। इस समय मेरी अवस्था ठीक नहीं है। राष्ट्र रक्षणार्थ बलिदान होने वालों में मेरे अनेक स्नेहास्पद बंधु हैं। उनके शौर्य, धैर्य, निष्ठा आदि अलौकिक गुणों के प्रति धन्यता प्रतीत होती है। तथापि जगत् की परंपरा के अनुसार प्रियजन वियोग का दुःख भी हो रहा है। इस स्थिति में मन को समझाकर धीरज दे रहा हूं कि सूर्यमंडल का भेद कर मनुष्य जीवन सार्थक करने वालों में **'रणे चाभिमुखे हतः'** व्यक्ति का भी समावेश है।"

इस पत्र के माध्यम से उन्होंने कहा कि देश के लिए शहीद होने पर शहीद होने वाले का वंश भी गौरवान्वित हो जाता है।

अंततः युद्ध समाप्त हुआ और रूस ने मध्यस्थता की। जिसके अंतर्गत भारत-पाक के मध्य समझौते के लिए प्रधानमंत्री श्री लाल बहादुर शास्त्री

को ताशकंद बुलवाया गया। इस प्रकार की वार्ता करना गुरुजी को पसंद नहीं था। इसके विषय में उन्होंने अपना पक्ष प्रस्तुत करते हुए 12 दिसम्बर, 1965 के आर्गेनाइजर के अंक में कहा—"प्रधानमंत्री के लिए ताशकंद न जाना ही उचित होगा, क्योंकि आक्रांता और आक्रांत को समान धरातल पर रखकर दोनों को ही वार्ता के लिए आमंत्रण दिया गया है। ताशकन्द वार्ता से यदि कोई परिणाम निकला तो वह भारतवर्ष के राष्ट्रीय हित के लिए अत्यधिक घातक होगा। पाकिस्तान अभी भी आक्रामक दृष्टिकोण बनाए हुए है। इसलिए बृहत परिणाम पर पुनः युद्ध अवश्य होगा।"

इस वक्तव्य के माध्यम से गुरुजी ने पाकिस्तान के तेवरों को जानते हुए स्पष्ट कह दिया था कि युद्ध पुनः अवश्य होगा। गुरुजी की बात यहां भी सत्य साबित हुई। गुरुजी ने अपना पक्ष रखा था कि प्रधानमंत्री श्री लाल बहादुर शास्त्री को ताशकंद नहीं जाना चाहिए। अंततः ताशकंद से दुःखद समाचार ही मिला कि 'प्रधानमंत्री श्री लाल बहादुर शास्त्री का निधन हो गया।' इस पर गुरुजी ने कहा था—"मैंने पत्र लिखकर श्री शास्त्री जी से सावधानी बरतने की प्रार्थना की थी।"

ताशकंद घोषणा होने के बाद गुरुजी ने पाकिस्तान द्वारा भारत पर थोपे गए युद्ध की भरपाई, पाकिस्तान द्वारा किए जाने की बात रखी। उन्होंने इस विषय में कहा—"ताशकंद घोषणा के बाद अब पाकिस्तान के साथ शेष विषयों को एक साथ निपटा लेना चाहिए। वर्ष 1947 के बाद जितने मुसलमान भारत से पलायन कर पाकिस्तान गए हैं, उस संख्या से दोगुनी संख्या में हिंदू पाकिस्तान से भारत आए हैं। पाकिस्तान को इनकी सम्पत्ति की क्षतिपूर्ति करनी चाहिए। पाकिस्तान ने गत वर्ष अगस्त-सितंबर महीने में हमारे ऊपर आक्रमण किया। हमारे प्रतिदिन का खर्च लगभग पच्चीस करोड़ रुपये की भरपाई पाकिस्तान को करनी चाहिए। यह अत्यंत आवश्यक है।"

इस प्रकार संघ के कार्यकर्त्ताओं ने भारत-पाक युद्ध में महत्त्वपूर्ण भूमिका निभाई। गुरुजी के मन की शंका 1971 में पुनः उभर कर सामने आई जब पाकिस्तान ने पुनः सिर उठाया।

दूसरा भारत-पाकिस्तान युद्ध (1971)

भारत से बार-बार मुंह की खाने के पश्चात् भी पाकिस्तान अपनी हरकतों से बाज नहीं आया। 1965 में भारत उसे खदेड़कर भगा चुका था, लेकिन 1971 में उसने पुनः सिर उठाया।

युद्ध की घोषणा होने से पूर्व राष्ट्रीय स्वयंसेवक संघ के केंद्रीय कार्यकारी मंडल ने अपना एक प्रस्ताव घोषित किया। यह प्रस्ताव 17 अक्टूबर, 1971 को घोषित किया गया। इसका शीर्षक था 'बंगलादेश के प्रति भारत का कर्तव्य'। इस प्रस्ताव के अंतर्गत कहा गया—"अब यदि पाकिस्तान भारत पर आक्रमण करने का दुस्साहस करता है तो शासन—हिम्मत एवं दृढ़ता का परिचय देते हुए भारतीय सेना के वीर एवं पराक्रमी जवानों की सहायता से पाकिस्तान को ऐसा पाठ पढ़ाए कि फिर कभी ऐसी धृष्टता करने की उसकी शक्ति ही समाप्त हो जाए।"

इस प्रस्ताव में बिल्कुल सही बात कही गई थी। क्योंकि दुश्मन को तो एक बार में ही समाप्त कर देना चाहिए था। लेकिन किन्हीं कारणों से वह बच गया। अब मौका होने पर उसे जड़ से ही समाप्त कर देना चाहिए।

जब 3 दिसंबर, 1971 को युद्ध की घोषणा हुई तब गुरुजी ने पुनः नागरिकों एवं संघ के कार्यकर्ताओं को देश सेवा के कार्य के लिए आगे आने को कहा। गुरुजी ने कहा—"एक बार पुनः दुश्मन सिर पर खड़ा है। राष्ट्रहित सर्वोपरि है और व्यक्ति, दल आदि का विचार गौण है। इसलिए आज जब हमारा राष्ट्र युद्ध की स्थिति में घसीटा गया है, प्रत्येक स्वयंसेवक और संघ प्रेमी व्यक्ति द्वारा व्यक्ति के नाते तथा संघ के नाते, देश की रक्षा के सभी कार्यों में सरकार की मनःपूर्वक सहायता की जानी स्वाभाविक ही है। अतः राष्ट्र की सेवा में जुट जाएं।"

वर्ष 1971 के इस युद्ध के समय देश की बागडोर प्रधानमंत्री श्रीमती इंदिरा गांधी के हाथों में थी।

गुरुजी ने पाक के बार-बार हमला करने के संबंध में 7 दिसम्बर 1971 को विजयवाड़ा में दिए भाषण में कहा था—"बार-बार युद्ध के

पीछे वास्तविकता यह है कि बारह सौ वर्ष पूर्व संपूर्ण भारत को इस्लाम मतावलंबी बनाने की आकांक्षा लेकर, भारत को गुलाम बनाकर, उस पर सदैव अपना शासन स्थापित रखने के लिए आक्रमण प्रारंभ हुआ। वर्तमान काल के आक्रमण के पीछे भी वही आकांक्षा है। बारह सौ वर्ष लंबी आक्रमण की कथा का यह एक अध्याय भर है।"

संघ के कार्यकर्ताओं ने इस बार भी संपूर्ण जोश से युद्धकाल में जगह-जगह अपनी सेवाएं प्रदान कर देशभक्ति का परिचय दिया। साथ ही नागरिकों के सहयोग से कई स्थानों की सुरक्षा की। संघसेवकों ने पंजाब, राजस्थान, उत्तर प्रदेश, बिहार, बंगाल आदि राज्यों में सेना के लोगों के साथ मिलकर घायलों की सेवा की।

अंततः भारतीय सैनिकों की शक्ति के समक्ष पाकिस्तानी सेना ने हथियार डाल कर घुटने टेक दिए और भारतीय फौज ने बंगलादेश को पाकिस्तानी क्रूरता से छुटकारा दिलवाया। यह समाचार संपूर्ण देश के लिए प्रसन्नता का विषय था। गुरुजी को भी इस विजय पर बहुत प्रसन्नता हुई। उन्होंने इस प्रसन्नता को बांटने के लिए प्रधानमंत्री श्रीमती इंदिरा गांधी एवं श्री जगजीवन राम (तत्कालीन रक्षामंत्री) को पत्र लिखे और उन्हें इस विजय पर बधाई दी। श्रीमती इंदिरा गांधी को उन्होंने लिखा—"देश की एकात्मता, परिस्थिति का वास्तविक मूल्यांकन, राष्ट्र के स्वाभिमान तथा गौरव रक्षा का सार्थक संकल्प इसी प्रकार विद्यमान रहे। केवल संकटकाल में नहीं वरन् सब प्रकार की राष्ट्रोत्थान की चेष्टाओं में इसकी आवश्यकता है। अपने राष्ट्र की गौरव भावनायुक्त एकात्म शक्ति के निर्माण में रत राष्ट्रीय स्वयंसेवक संघ सदैव इसमें आपके साथ है और आगे भी रहेगा। आपके नेतृत्व में भारत के गौरव में इसी प्रकार अभिवृद्धि होती रहे।"

दूसरा पत्र उन्होंने श्री जगजीवन राम को लिखा। उस पत्र के अनुसार—"आपके नेतृत्व में हमारी सेना के तीनों विभागों ने अभिनंदनीय पराक्रम कर बंगलादेश को मुक्त कराया, वहां के लोगों को अपना जीवन स्वतंत्रता से बनाने का आश्वासनयुक्त सुअवसर प्राप्त करा दिया।"

युद्ध में शहीद हुए भारतीय सेना के वीर जवानों को श्रद्धांजलि देते

हुए कोलकाता में उन्होंने कहा—"इस युद्ध में भारतीय सेना के जिन सैनिकों ने विजय की प्राप्ति के लिए प्राण अर्पण किए, उन सभी लोगों की स्मृति में कृतज्ञता एवं श्रद्धाभाव से नतमस्तक होना और अंत:करण पूर्वक उनके प्रति श्रद्धांजलि अर्पित करना हमारा कर्तव्य है। उनके बलिदान से न केवल देश की रक्षा हो सकी, वरन् उन्होंने अपने देश का गौरव बढ़ाया। ऐसे लोगों के प्रयत्नों से ही हमें विजय प्राप्त हुई और दुनिया में यह सिद्ध हो सका कि भारत सशक्त ही नहीं वरन् शांतिप्रिय देश भी है।"

इस प्रकार गुरुजी ने अपने कार्यकर्ताओं के साथ युद्ध के समय संपूर्ण निष्ठा के साथ कार्य करते हुए देश के अन्य नागरिकों के हृदय में देशभक्ति जाग्रत की और स्वयं भी हर संभव प्रयास कर लोगों की सहायता की।

•••

अध्याय–6

गो-रक्षा अभियान

गुरुजी संघ के साथ महत्त्वपूर्ण कार्य करते चले आ रहे थे। उनके मार्गदर्शन में संघ भी प्रसिद्धि पा रहा था। इसी क्रम में, गुरुजी की उपस्थिति में नागपुर में संघ की एक महत्त्वपूर्ण बैठक हुई जिसमें 'गोहत्या निषेध' एवं 'स्वदेशी' भावना से संबंधित प्रस्ताव घोषित किए गए। गोहत्या के अंतर्गत गोहत्या रोकने के लिए अभियान चलाया जाना निश्चित हुआ और स्वदेशी भावना के अंतर्गत लोगों को स्वदेशी अर्थात् देश से ही संबंधित वस्तुएं आदि अपनाने के लिए जाग्रत करने के लिए अभियान चलाने की बातें रखी गईं।

गो-रक्षा अभियान–

संघ द्वारा गो-रक्षा अभियान के अंतर्गत नागरिकों से गोहत्या रोकने में अपना सहयोग देने की प्रार्थना की गई थी। क्योंकि गो को हम माता का स्थान देते आए हैं और वह हिंदू धर्म में पूजनीय है। गोयें वेदकाल से सभी के लिए पूजनीय एवं हितकारी रही हैं। गो-हत्या निषेध के संबंध में संघ की प्रतिनिधि सभा का यह प्रस्ताव था—"संपूर्ण देश में गो वंश की हत्या बंद करने की मांग का विगत पांच वर्षों से भारत सरकार द्वारा लगातार ठुकराया जाना सर्वथा अनुचित है क्योंकि हमारे राष्ट्र में गोवंश-प्रतिपालन केवल आर्थिक ही नहीं अपितु सांस्कृतिक श्रद्धा का भी विषय है तथा यह राष्ट्र की एकात्मता का प्रतीक है। यह सभा निर्धारित करती है कि भारत में संगठित जनमत द्वारा गोवंश प्रतिपालन के पवित्र कर्तव्य का राज्यकर्ताओं

को पुन: स्मरण करवाया जाए। इसके लिए यह सभा सभी स्वयंसेवकों का आवाहन करती है कि वे सभाओं, जुलूसों आदि आयोजनों द्वारा भारत के कोटि-कोटि लोगों की भावना को एक दृढ़ तथा देशव्यापी इच्छाशक्ति में परिणत करे। यह सभा भारतीय जनता से अनुरोध करती है कि वह गोवंश हत्या विरोध के इस कार्य में संघ का हाथ बटाए और तन-मन-धन से सहायता दे। साथ ही यह सभा सभी दलों और पक्षों से भी आग्रह करती है कि इस पक्ष-निरपेक्ष कार्य में वे संघ को पूर्ण सहयोग प्रदान करें।"

अपने इस गो-रक्षा अभियान को कार्यान्वित करने के लिए संघ की प्रतिनिधि सभा ने एक और योजना बनाई, जिसमें निर्णय लिया गया कि इस अभियान के अंतर्गत देश में सभी स्थानों पर जाकर भारतीयों के हस्ताक्षर करवाए जाएं ताकि यह अभियान देशव्यापी हो सके साथ ही लोगों को वास्तविकता से भी परिचित कराया जा सके। सभी के हस्ताक्षर एकत्रित करके उन्हें देश के राष्ट्रपति महोदय को सौंपने का निर्णय लिया गया। यह हस्ताक्षर अभियान 26 अक्टूबर से 22 नवम्बर, 1952 तक चलाया जाना निश्चित हुआ। साथ ही इसके अंतर्गत—जुलूस, सभाएं, प्रदर्शनियां आदि द्वारा लोगों तक पहुंचने का मार्ग निकाला गया। सभी कार्यकर्ताओं को सूचित कर दिया गया ताकि अभियान की तैयारी की जा सके। साथ ही गुरुजी ने इस अभियान के संबंध में सभी नागरिकों से अनुरोध करते हुए अपना एक निवेदन प्रकाशित करवा दिया ताकि यह बात जन-मन तक पहुंच सके। इसमें गुरुजी ने कहा—"इस गो-रक्षा अभियान कार्यक्रम में गोवंश-हत्या बंदी की मांग का समर्थन करने वाले कोटि-कोटि नागरिकों के हस्ताक्षरों से युक्त एक आवेदन पत्र को परम श्रेष्ठ राष्ट्रपति, देशरत्न बाबू राजेन्द्र प्रसाद की सेवा में उपस्थित करना है। इस राष्ट्रव्यापी कार्य के लिए संघ के स्वयंसेवक ग्राम-ग्राम तथा घर-घर जाकर हस्ताक्षर संग्रह करेंगे। मेरी सभी से आग्रहपूर्वक प्रार्थना है कि सभी वर्गों एवं दलों के नागरिक अत्यंत उत्साह के साथ इस पवित्र कार्य में योगदान करें।"

इस निवेदन के अतिरिक्त गुरुजी ने देश के सभी प्रमुख व्यक्तियों को पत्र लिखकर अपने इस अभियान के विषय में जानकारी प्रेषित कर सहयोग देने को कहा।

26 अक्टूबर, 1952 को अभियान प्रारंभ होने के दिन ही गुरुजी ने एक लेख प्रकाशित करवाया जो गो-रक्षा से ही संबंधित था। साथ ही, गो हत्या क्यों इसका भी वर्णन उन्होंने अपने उस लेख में किया था। उनके उस लेख के मुख्य अंश इस प्रकार हैं-

"यह कैसी विडम्बना है कि आजकल बड़े-बड़े विद्वान, ख्यातनाम सज्जन भी गोहत्या का आर्थिक दृष्टि से समर्थन करते हुए दिखाई देते हैं। गोहत्या-निषेध से चर्म व्यापार से होने वाली आर्थिक डॉलर प्राप्ति रुक जाएगी आदि अनेक आक्षेप खड़े करते हुए भी दिखाई देते हैं। गोहत्या निषेध के विचार को वायुमंडल में प्रेषित करने के उपरांत अनेक विद्वानों ने इन सब आक्षेपों का सांगोपांग विवेचन करने का निश्चय किया है। इसके पूर्व भी अनेक विद्वानों ने इस संबंध में आंकड़ों द्वारा इन आक्षेपों का खोखलापन सिद्ध किया है। परंतु मैं समझता हूं कि श्रद्धा के विषय में आर्थिकता का मापदंड लगाना अनुचित है। उदाहरण के लिए, अपने राज्य का ध्वज है, कोई उसे उतारकर तोड़-फोड़ दे तो कौन-सी बड़ी हानि होगी? एक डंडा, कुछ थोड़ा सा कपड़ा, इतना ही आर्थिक दृष्टि से उसका स्वरूप है। परंतु यदि कोई आक्रमणकारी हमारे इस राष्ट्रीय ध्वज को अपमानित करने के लिए दलबल सहित सजकर आता है तो आर्थिक दृष्टि से अत्यल्प मूल्य के उस वस्त्र के निमित्त अपना अपरिमित धन, असंख्य लोगों के प्राण आदि उस पर न्योछावर कर उसकी मान-मर्यादा सुरक्षित करना, यही हमारा कर्तव्य होता है। राष्ट्र को एकत्रित कर उसमें चैतन्य फूंकने वाला वह मान बिंदु, कितना भी धन-जन का मूल्य क्यों न देना पड़े, सर्वथा रक्षणीय है।"

अंतत: 26 अक्टूबर, 1952 को गोपाष्टमी के शुभ अवसर पर यह गो-रक्षा अभियान प्रारंभ करने का दिन आया। यह अभियान बंबई से प्रारंभ हुआ जिसका शुभारंभ गुरुजी ने किया। इस शुभ अवसर पर सैकड़ों लोग उपस्थित हुए। यह स्वाभाविक ही था कि इस शुभ अवसर पर गुरुजी सभी को संबोधित करें। अत: उन्होंने अपने भाषण में कहा—"जिस राष्ट्र का श्रद्धाभाव नष्ट हो जाता है, उसके अभ्युदय की कामना करना व्यर्थ होगा।

अब हमें यह सोचना है कि वह सर्वमान्य श्रद्धा का केंद्र कौन-सा है? गो वंश का नाम लेते ही श्रद्धा की अतुलनीय भावना जाग्रत हो जाती है, इसलिए गायें हमें एकत्रित कर सकती हैं। अतएव अपने हृदय में गोमाता के प्रति श्रद्धा भाव बढ़ाएं।"

गुरुजी के इस भाषण के पश्चात् अभियान प्रारंभ हुआ देश के अन्य भागों में भी संघ के अन्य पदाधिकारियों ने इस अभियान को प्रारंभ किया। कुछ ही दिनों में अभियान जोर पकड़ता गया और संघ के कार्यकर्त्ता तेजी से ग्राम-ग्राम, नगर-नगर जाकर अपने कार्य में लग गए। अंतत: 7 दिसम्बर, 1952 को यह अभियान समाप्त हुआ। समाप्ति पर गुरुजी सहित भारतीय जनसंघ के अध्यक्ष डॉक्टर श्यामाप्रसाद मुखर्जी (जो कि संसद में नेशनल डेमोक्रेटिक पार्टी के नेता भी थे), हिंदू महासभा के अध्यक्ष एन.सी. चटर्जी आदि के अतिरिक्त हजारों कार्यकर्ता एवं अन्य नागरिक दिल्ली के रामलीला मैदान में एकत्रित हुए। उपस्थित जनसमूह को गुरुजी सहित अन्य प्रमुख नेतागणों ने संबोधित किया।

इस अभियान के अंतर्गत स्वयंसेवकों ने लगभग 85,000 ग्रामों में जाकर लगभग दो करोड़ देशवासियों के हस्ताक्षर एकत्रित किए थे। हस्ताक्षर युक्त इन सभी प्रपत्रों को बाईस बैलगाड़ियों में रखा गया। प्रत्येक बैलगाड़ी में अलग-अलग प्रान्तों के हस्ताक्षर युक्त प्रपत्र रखे गए थे।

8 दिसम्बर, 1952 को गुरुजी ने महामहिम राष्ट्रपति श्री राजेन्द्र प्रसाद जी से भेंट कर देश के नागरिकों द्वारा गोहत्या रोकने के उद्देश्य को लेकर किए गए हस्ताक्षर का भारी-भरकम संग्रह अपनी बात के साथ उन्हें सौंपा। राष्ट्रपति महोदय ने आश्वासन दिया कि उनकी बात पर गंभीरतापूर्वक विचार किया जाएगा।

इस प्रकार संघ की प्रतिनिधि सभा द्वारा प्रस्तावित यह अभियान राष्ट्रपति महोदय के यहां समाप्त हुआ। सभी के प्रयास द्वारा यह अभियान सफल हुआ और अब सभी की आंखें सरकार पर टिकी थीं कि उनकी मेहनत का क्या परिणाम निकलने वाला है।

जब यह अभियान प्रारंभ हुआ, नेहरूजी ने इसे राजनीतिक स्टंट करार दिया। उन्होंने कहा—"यह संघ का एक राजनीतिक स्टंट है। संघ कभी

प्रामाणिक हो ही नहीं सकता।" यह नेहरूजी का चिर-परिचित निर्णय रहता था। कांग्रेस के कार्यवाहक श्रीमन्नारायण ने एक आदेश निकाला कि 'कांग्रेस के सदस्य इस आंदोलन में सहयोग न दें।' महर्षि दयानंद ने भी इस कार्य को अपना धर्म माना था। उनको कौन-सा राजनीतिक स्टंट करना था?

भगवान बुद्ध के दो शिष्यों की अस्थियों की प्रतिष्ठापना करने के लिए नेहरूजी कुछ ही दिन पूर्व बड़े उत्साह से सांची गए थे। वहां का समारोह पूरा कर सांची से पाँच मील दूर विदिशा आए और वहां तुरंत घोषणा कर दी कि गोहत्या चलती रहेगी। भगवान बुद्ध के अहिंसा के संदेश का क्या हुआ? नेहरूजी के उद्‌गारों का हम क्या अर्थ निकाल सकते हैं? उनको न भगवान बुद्ध का मान रखना था न हिंदुओं को। आंदोलन एकदम व्यर्थ नहीं गया। अनेक प्रांतीय सरकारों ने गोवधबंदी कानून लागू किया। हालांकि उसका कठोर पालन कहां तक किया गया, यह कहा नहीं जा सकता।

वर्ष 1953 में दो नवंबर से चौदह नवंबर के बीच पूरे देश में सर्वत्र सभाएं और जुलूस आयोजित हुए और पुनः इस मांग को उठाया गया।

1954 में और एक उपक्रम किया गया। नेहरूजी जिस संसदीय क्षेत्र से चुनाव लड़कर सत्ता में आए थे, वहां पुनश्च एक बार हस्ताक्षर एकत्रित किए गए। दो लाख सत्तावन हजार पांच सौ अस्सी लोगों ने हस्ताक्षर किए। नेहरूजी को चुनाव में जितने मत मिले थे उससे यह संख्या एक लाख से अधिक थी। सरकार ने इस संदर्भ में एक समिति गठित की थी। उसकी बैठकों में गुरुजी जाया करते थे। परन्तु वहां केवल कालहरण का खेल चलता था। 1966 में राजधानी में विशाल प्रदर्शन हुए। इसी वर्ष, अंत में पुरी के शंकराचार्य ने उपोषण (व्रत) प्रारंभ कर दिया। प्रसंग बड़ा गंभीर था। परंतु किसी का कुछ उपयोग नहीं हुआ। लोकतंत्र के मार्ग से इतना बड़ा मत-प्रदर्शन करने के बाद भी उस पर गंभीरतापूर्वक किसी भी प्रकार से विचार नहीं किया गया। लोकतंत्र का भी इसमें क्या सम्मान रहा?

तत्पश्चात् प्रतिनिधि सभा द्वारा पारित स्वदेशी प्रस्ताव के अंतर्गत लोगों का आहवान किया गया कि वे विदेशी वस्तुओं के प्रति मोह त्यागकर स्वदेशी को अपनाएं।

•••

अध्याय–7

विवेकानंद शिलास्मारक का निर्माण

भारत का दक्षिणी छोर कन्याकुमारी है। यहां बंगाल की खाड़ी, अरब सागर और हिंद महासागर—इन तीन सागरों का संगम होता है। यहां से लगभग ढाई-तीन सौ मीटर की दूसरी पर समुद्र के अंदर एक 'देवी पादम्' नामक विशाल शिलाखंड है। यहां स्वामी विवेकानंद तीन दिनों तक उत्तर दिशा की ओर मुख करके समाधि लगाए बैठे रहे। विवेकानंदजी को उस शिला पर जो अंतःस्फुरण हुआ, वह भारत के सांस्कृतिक और आध्यात्मिक इतिहास का एक क्रांतिकारी क्षण था।

केरल के प्रांत प्रचारक दत्ताजी डिलोलकर ने सर्वप्रथम शिला स्मारक की यह कल्पना प्रस्तुत की। इसके लिए केरल में स्थापित समिति ने उस शिला पर एक छोटे-से चबूतरे का निर्माण किया। परन्तु कुछ मदांध ईसाई उस शिला पर पहुंचे। उन्होंने वह चबूतरा ध्वस्त कर दिया। स्मृतिफलक उखाड़ कर फेंक दिया और वहां एक क्रॉस खड़ा कर दिया। उनका यह कहना था कि यह शिला सेंट जेवियर के नाम से जानी जाती है। अंततः केरल के कुछ स्वयंसेवक उस शिला पर पहुंचे और उन्होंने वह क्रॉस उखाड़कर फेंक दिया। इसमें कुछ संघर्ष भी हुआ। तब मन्मथ पद्मनाभन नागपुर आकर गुरुजी से मिले। उन्हें सारी स्थिति से अवगत कराया। गुरुजी ने यह कार्य संघ के सरकार्यवाह एकनाथ रानाडे को सौंपा।

केंद्रीय मंत्रिमंडल में प्रो. हुमायूं कबीर सांस्कृतिक विभाग के मंत्री थे। चर्चा में उन्होंने कहा कि यह प्रश्न केंद्र शासन के अधिकार क्षेत्र में नहीं आता; वह तमिलनाडु सरकार का है। तमिलनाडु के मुख्यमंत्री भक्तवत्सलम पहले तो अनुकूल थे, परंतु केंद्र का नरम रुख़ देखकर बाद में बदल गए। इसके बाद एकनाथ जी ने स्मारक निर्माण के आशय का एक निवेदन तैयार किया। वह लेकर वे व्यक्तिगत रूप से प्रत्येक संसद सदस्य से मिले और इस निवेदन पर तीन सौ बीस सदस्यों के हस्ताक्षर प्राप्त किए। उसमें कांग्रेस, कम्युनिस्ट, द्रविड़ मुन्नेत्र कषघम ही नहीं; अपितु मुस्लिम लीग के सदस्य भी शामिल थे। यहां तक बात आ जाने पर केंद्र सरकार ने ध्यान दिया और तमिलनाडु सरकार की अनुमति मिल गई।

अब स्मारक बनाने हेतु धन की व्यवस्था कहां से हो? क्योंकि बिना धन के यह प्रयास असंभव था। एकनाथ जी ने एक योजना बनाई। उसके अनुसार विवेकानंद जी के चित्र वाला एक छोटा परंतु आकर्षक रंगीन सचित्र कूपन निकाला गया। जिसका मूल्य एक रुपया रखा गया। देशभर की संघ शाखाओं के माध्यम से दो माह में ही तीस लाख रुपये एकत्रित हो गए। स्मारक में लगने वाली प्रत्येक शिला का खर्च करीब पांच सौ रुपये था। एकनाथ जी ने देशभर के विद्यालयों, महाविद्यालयों का आवाहन किया कि एक-एक संस्था एक-एक शिला का व्यय वहन करे। अंतत: यह निधि एक करोड़ बारह लाख के ऊपर पहुंच गई। वर्ष 1964 के सितम्बर माह में शासन की विधिवत स्वीकृति भी मिल गई। अक्टूबर 1964 में इस भव्य स्मारक का निर्माण कार्य प्रारंभ हुआ और 1970 में पूर्ण हुआ।

इस प्रकार एक महान व्यक्ति के स्मारक की स्थापना का महत्त्वपूर्ण कार्य गुरुजी ने एकनाथ जी को सौंपा जो संघ एवं देश के अन्य नागरिकों की सहायता से पूर्ण हुआ।

इस भव्य स्मारक का उद्‌घाटन तत्कालीन राष्ट्रपति श्री वी.वी. गिरि ने 2 सितंबर, 1970 को किया। इस भव्य समारोह की अध्यक्षता तमिलनाडु के तत्कालीन मुख्यमंत्री एम. करुणानिधि ने की थी।

वर्ष 1972 में गुरुजी उस भव्य स्मारक के दर्शन करने पहुंचे। वहां

संदेश पुस्तिका में गुरुजी ने लिखा--"जिस महान आत्मा के उत्सर्गमय जीवन ने राष्ट्र को तामसी निद्रा से जगाया और प्रबुद्ध भारत को जन्म दिया, जिसके दूरदर्शी एवं प्राणोत्तेजक विचारों ने राष्ट्र की पराधीनता की शृंखला को छिन्न-भिन्न करने की अनुपम शक्ति प्रदान की, जिसके तेजोमय शब्दों ने हिंदू धर्म को अपने वास्तविक स्वरूप का साक्षात्कार करने की प्रेरणा प्रदान की तथा भारत के ऋषियों की प्रज्ञा के चमत्कार से जिसके पराक्रम ने दिग्विजय कर सारे विश्व में हिंदू धर्म की वैजयंती फहराई, उन्हीं महान राष्ट्रोद्धारक स्वामी विवेकानंद की प्रबोध शिला पर जन-जन की आत्मा में अनुपम जागृति का संदेश वाला यह स्मारक चिरकाल तक समस्त विश्व को प्रकाश प्रदान करता रहे, यही मंगल कामना है।"

गुरुजी ने यह संदेश लिखकर नीचे अपने हस्ताक्षर किए और दिनांक भी लिख दी।

इस प्रकार, संघ की सहायता एवं गुरुजी के मार्गदर्शन द्वारा कन्याकुमारी में स्वामी विवेकानंद जी का भव्य स्मारक बना। आज कन्याकुमारी और यह स्मारक एक-दूसरे के पूरक हैं—एक का स्मरण आते ही दूसरा स्वत: मस्तिष्क पटल पर जाग्रत हो उठता है।

•••

माधवराव सदाशिवराव गोलवलकर 'श्री गुरुजी'

डॉ. हेडगेवार
और गुरुजी

डॉ. गुरुजी

यज्ञ करते हुये श्री गुरुजी

राष्ट्रचिंतन में निमग्न श्री गुरुजी

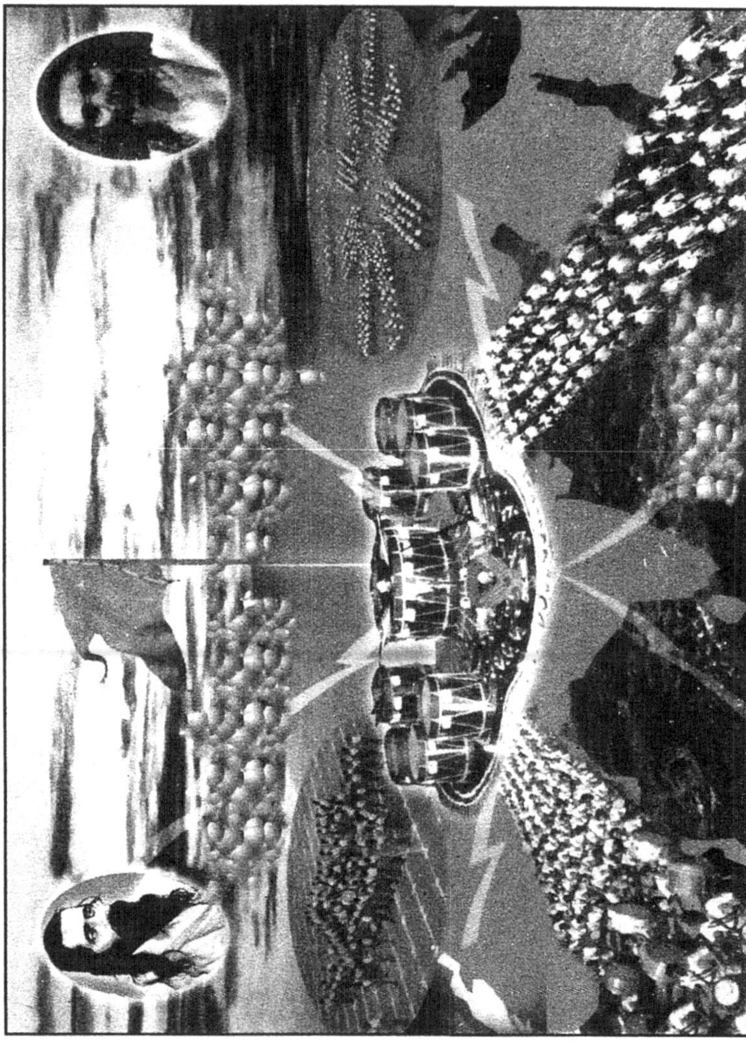

श्री गुरुजी और उनके नेतृत्व में प्रगति के पथ पर अग्रसर आर. एस. एस.

तैंतीस वर्षों के समग्र कार्यकाल में श्री गुरुजी ने संघ को विश्वविख्यात बना दिया

पत्र लेखन में रत श्री गुरुजी

सफल नेतृत्व में अनुशासित संघ

डॉ. हेडगेवार रुग्णावस्था में श्री गुरुजी को कार्यभार सौंपते हुए

श्री गुरुजी, श्री वीर सावरकर और डॉ. हेडगेवार के साथ एक जनसभा में

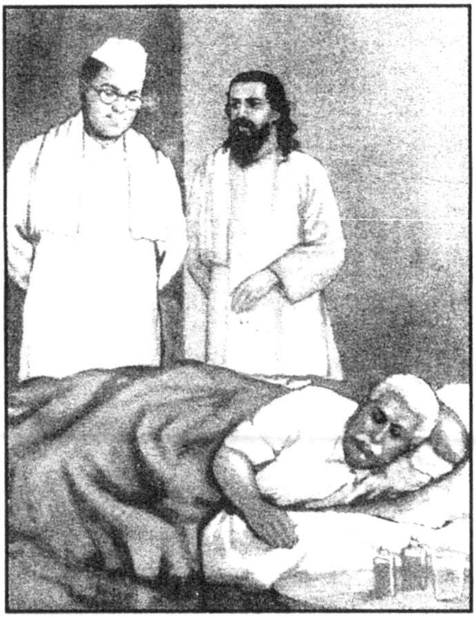

रुग्ण डॉ. हेडगेवार और नेताजी के साथ श्री गुरुजी

श्री गुरुजी, डॉ. हेडगेवार और डॉ. श्यामाप्रसाद मुखर्जी के साथ

अध्याय–8

महानिर्वाण

1969 का अगस्त माह। गुरुजी उस समय इंदौर में थे; वहां उनकी भेंट नागपुर के अमिताभ महाराज से हुई। अमिताभ महाराज (स्वामी अमूर्तानंद) ने गुरुजी का आलिंगन किया तो गुरुजी को छाती पर कुछ चुभन-सी अनुभव हुई। कारण, गुरुजी की जेब में उनका पैन रखा था, वह चुभ गया था। वह पैन जहां चुभा था, वहां गुरुजी को एक गांठ-सी उभरी महसूस हुई। दर्द होने पर गुरुजी ने होमियोपैथिक औषधि लेना प्रारंभ किया। लेकिन उससे कोई विशेष लाभ नहीं मिला। तत्पश्चात् गुरुजी पुनः संघ कार्य में व्यस्त हो गए।

2 मई, 1970 को पुणे में संघ के कर्मठ स्वयंसेवक डॉ. नामजोशी ने गुरुजी का स्वास्थ्य परीक्षण किया और उन्हें तुरंत बंबई के टाटा कैंसर अस्पताल में परीक्षण करवाने का परामर्श दिया क्योंकि उन्हें गुरुजी के सीने में उभरी गांठ के रूप में कर्क रोग अर्थात् कैंसर होने का संदेह हुआ। लेकिन गुरुजी फिर भी तुरंत न जाकर संघ के कार्य को पूरा कर 18 मई, 1970 को परीक्षण के लिए बंबई पहुंचे और तत्कालीन कर्क रोग विशेषज्ञ डॉ. प्रफुल्ल देसाई के पास परीक्षण करवाने पहुंचे। डॉ. देसाई ने परीक्षण के बाद कैंसर की संभावना व्यक्त की और अतिशीघ्र शल्य चिकित्सा करवाने को कहा। गुरुजी ने कहा—"जून के अंत तक तो संघ के शिक्षा वर्ग हैं, फिर अभी यह कैसे संभव हो सकता है?" अतः उन्होंने 1 जुलाई, 1970 को शल्य चिकित्सा करवाने की बात रखी; जो मान ली गई।

1 जुलाई, 1970 को गुरुजी चिकित्सालय में भर्ती हुए। उनकी शल्य क्रिया हुई जो सफल रही। कुछ दिनों तक उन्हें चिकित्सालय में रहना पड़ा। उस समय गुरुजी ने अपने इस कर्क रोग के विषय में डॉ. देसाई से पूरी जानकारी प्राप्त कर ली। यहां तक कि उन्होंने यह तक पता कर लिया कि अब उनके पास जीवन के कितने दिन शेष हैं। डॉ. देसाई ने उन्हें यह भी बता दिया कि अब उनके पास लगभग ढाई वर्ष का समय है। यह सुनकर गुरुजी ने कहा—"यह ठीक है। मुझे अभी बहुत-से कार्य करने हैं।"

जब गुरुजी चिकित्सालय से जाने लगे तो वहां के कर्मचारी एवं अन्य रोगी बहुत दुःखी हुए, क्योंकि इतने कम समय में ही अपने व्यक्तित्व एवं सद्व्यवहार के कारण गुरुजी उनके आदर्श बन गए थे। वहां से जाते समय डॉक्टर देसाई को जीवन का अर्थ बताते हुए गुरुजी ने कहा—"हर जीवित प्राणी कभी न कभी जाने ही वाला है। इसलिए मनुष्य कितने काल तक जीवित रहा, इससे भी अधिक महत्त्व इस बात का है कि उसने किस तरह जीवन व्यतीत किया। मेरे सामने एक कार्य है। मुझे इस कार्य को पूर्ण करना है, इस कारण ईश्वर से मेरी प्रार्थना है कि वह मुझे अंत तक स्वस्थ रखे।"

गुरुजी पुनः अपने कार्य में जुट गए। दो वर्ष बीत गए। वर्ष 1972 में गुरुजी ने महाराष्ट्र के ठाणे में एक बैठक आयोजित की जो 28 अक्टूबर, 1972 से 3 नवम्बर, 1972 तक चली। इस बैठक में उन्होंने संघ सेवकों से कई विषयों पर चर्चा की। भारतीय शब्द का प्रयोग करने पर उनका अंतिम आशय हिंदू ही रहता है, यह बात उन्होंने स्पष्ट की। हिंदू धर्म, हिंदू समाज, हिंदू संस्कृति, हिंदू परंपरा—ये शब्द रूढ़ हो चुके हैं और हिंदू—यह एक सरल और अर्थबोधक शब्द है, उन्होंने इस ओर ध्यान खींचा। अनेक धर्मों के अनुयायी इस देश में निवास करते हैं, भारतीय कहने पर उन सबका उसमें समावेश हो जाता है। परन्तु हिंदू शब्द का उच्चारण करें, तो इस देश की राष्ट्रीय जीवनधारा कौन-सी है, इसका बोध हो जाएगा; यह मुख्य अंतर है। गुरुजी ने एक उदाहरण देते हुए कहा—"सूर्य का प्रकाश पृथ्वी पर सर्वत्र फैला होता है, परंतु प्रकाश स्वयं कुछ नहीं करता, फिर भी वह सारे जीवन का आधार होता है। उसी प्रकार संघ स्वयं कुछ नहीं करेगा, परंतु समग्र सामाजिक जीवन को वह आधार प्रदान करेगा।"

इस बैठक में गुरुजी ने एक तरह से अपने जीवन का निचोड़ बता दिया। अंततः गुरुजी का स्वास्थ्य दिन-प्रतिदिन क्षीण होता गया। गुरुजी को भी इस बात का आभास होता जा रहा था। डॉ. देसाई ने भी स्पष्ट कर दिया था कि अब उपचार करने का कोई लाभ नहीं।

25 मार्च, 1973 को महाराष्ट्र के ठाणे जिले में अखिल भारतीय प्रतिनिधि सभा आयोजित हुई। उसमें गुरुजी ने भी भाग लिया। इस सभा के अंतिम दिन गुरुजी ने सभी को संबोधित करते हुए, अपने प्राणों का मोह किए बिना संघ कार्य करते रहने का संदेश दिया। तत्पश्चात् जब गुरुजी चलने-फिरने के अयोग्य हो गए, तब वे समझ गए कि अब उनका अंतिम समय निकट ही है। अतः उन्होंने 2 अप्रैल, 1973 को तीन पत्र लिख कर संघ कार्यालय के प्रमुख श्री पांडुरंग पंत क्षीरसागर के पास सुरक्षित रख दिए।

गुरुजी को अब बोलने में भी पीड़ा होने लगी थी। आस-पास से संघ के जो भी कार्यकर्ता आते, वे उनसे मिलते, अपनी बात कहते और संघ कार्य के विषय में बताते। गुरुजी सभी कुछ सुनते और अंत में थोड़े-से वाक्य कहते। ठाणे के कार्यकर्ताओं को गुरुजी द्वारा दिया गया मार्गदर्शन, गुरुजी का अंतिम मार्गदर्शन सिद्ध हुआ। अंतिम समय में गुरुजी कुर्सी पर उत्तराभिमुख बैठे रहते थे। वे संभवतः इस प्रतीक्षा में थे कि न जाने कब इस नश्वर शरीर से आत्मा निकल कर श्रीहरि में विलीन हो जाए। 4 जून, 1973 तक लोग उनसे मिलने आते रहे। अंततः 5 जून, 1973 का वह दिन आ गया, जिस दिन गुरुजी ने रात्रि 9 बजकर 5 मिनट पर अंतिम श्वास ली और महानिर्वाण प्राप्त किया।

यह दुःखद समाचार सारे नागपुर में आग की भांति फैल गया। लोगों का तांता लगना प्रारंभ हो गया। हेडगेवार भवन के कार्यालय में गुरुजी का पार्थिव शरीर रखा गया था ताकि लोग वहां उनके अंतिम दर्शन कर सकें। प्रातः छह जून तक वहां कार्यकर्ताओं, नागरिकों की अपार भीड़ एकत्रित हो गई। आकाशवाणी द्वारा पूरे देश में यह सूचना प्रेषित हो गई। देशभर से लोग आकर गुरुजी के अंतिम दर्शन करने लगे। अंततः अंतिम यात्रा से पहले गुरुजी के वे तीन पत्र जो उन्होंने पांडुरंग पंत क्षीरसागर के पास सुरक्षित रखे थे, खोले गए और सभी के समक्ष पढ़कर सुनाए गए।

प्रथम पत्र महाराष्ट्र के प्रांत संघचालक बाबासाहब भिड़े ने पढ़ा। उसमें उल्लेख था कि उनके बाद बालासाहब देवरस सरसंघचालक रहेंगे। शेष दो पत्र बालासाहब ने पढ़े। एक में उल्लेख था कि उनका कोई स्मारक न खड़ा किया जाए। जिस प्रकार रेशम बाग में डॉ. हेडगेवार की स्मृति में गुरुजी ने मंदिर का निर्माण करवाया था, संघ में आगे वैसी परंपरा न बन जाए, इसकी व्यवस्था गुरुजी ने अपने दूसरे पत्र में की थी। तीसरे पत्र में उस महापुरुष ने लोगों से क्षमा प्रार्थना करते हुए लिखा- 'कुछ भूल चूक हुई हो तो क्षमा करें' इसके पश्चात् गुरुजी ने संत तुकाराम का यह अभंग लिखा -

शेवटची विनवणी। संतजनी परिसावी।
विसर तो न पड़ावा। माझा देवा तुम्हांसी।।
आता फार बोलो कायी। अवधे पायी विदित।
तुका म्हणे पड़तो पाया। करा छाया कृपेची ।।

अर्थात्

अंतिम विनति यह मेरी संतजन सुनें सभी।
विस्मरण न हो मेरा, कहें प्रभु से सभी।
अब और अधिक क्या बोलूं मैं, हैं विदित सभी कुछ चरणों में।
तुका कहे चरणों पंडू रहूं सदा कृपा की छांव में।

तुकारामजी की वाणी का आधार लेकर गुरुजी ने हमें संतजन कहा है। इस बात को ध्यान में रखकर हमें अपने अंदर सज्जनता के गुणों का विकास करने का प्रयास करना चाहिए।

गुरुजी की अंतिम यात्रा-

डॉ. हेडगेवार भवन से गुरुजी की अंतिम यात्रा प्रारंभ हुई। गुरुजी की अंतिम यात्रा में हजारों लोग 'गुरुजी अमर रहें' के जयघोष कर रहे थे। उनके पीछे तीन लाख का अपार जनसमूह चल रहा था।

डॉ. हेडगेवार के स्मृति मंदिर के निकट रेशम बाग में गुरुजी के चचेरे भाई वासुदेव गोलवलकर ने उन्हें चंदन की चिता पर मंत्राग्नि दी। और गुरुजी का शरीर पंचतत्त्व में विलीन हो गया।

इस प्रकार गुरुजी का जीवन चक्र समाप्त हुआ। अपने 67 वर्षों के जीवनकाल में गुरुजी ने 33 वर्षों तक संघ के लिए कार्य किया। संघ कार्यों को सुचारु रूप से चलाने के लिए उन्होंने मोह-माया से परे रहते हुए, विवाह बंधन में बंधना भी स्वीकार नहीं किया। उनके नेतृत्व में जो कार्य हुए, इतिहास में वे स्वर्ण अक्षरों में अंकित रहेंगे।

•••

अध्याय–9

श्रद्धांजलियां

गुरुजी के महानिर्वाण के समाचार से पूरे देश में शोक की लहर दौड़ गई थी। इस विराट् व्यक्तित्व के प्रति देश के प्रमुख व्यक्तियों, समाचार पत्रों आदि ने अपनी-अपनी श्रद्धांजलियां प्रकट कीं–

तत्कालीन प्रधानमंत्री श्रीमती इंदिरा गांधी ने कहा-

"वे सदन के सदस्य नहीं थे। ऐसे एक अन्य प्रतिष्ठित व्यक्ति श्री गोलवलकर जी भी नहीं रहे। वे विद्वान थे और शक्तिशाली आस्था वाले व्यक्ति थे। हममें से कई उनकी मूलगामी विचारधारा से सहमत नहीं थे परन्तु उन्होंने अपने अनुयायियों पर गहरा प्रभाव डाला था।"

तत्कालीन राष्ट्रपति श्री वी. वी. गिरि ने कहा-

"श्री गोलवलकर अपने ढंग से अत्यंत निष्ठापूर्वक आजीवन देश की सेवा करते रहे। वे धर्म में निष्ठा रखने वाले व्यक्ति थे और उनमें संगठन की अपूर्व क्षमता थी।"

तत्कालीन रक्षामंत्री बाबू जगजीवन राम के शब्द–

"भारत ने सरसंघचालक श्री गोलवलकर की मृत्यु से एक ऐसा नेता खो दिया है जो संगठन की योग्यता रखता था तथा जिसमें राष्ट्रीय हित को लेकर कष्ट उठाने की क्षमता थी।"

तत्कालीन उपराष्ट्रपति श्री गोपाल स्वरूप पाठक ने कहा–

"श्री एम. एस. गोलवलकर जी की मृत्यु की सूचना सदन में प्राप्त हुई है। श्री गोलवलकर जी का जन्म 1906 में हुआ। नागपुर में अध्ययन के बाद वे बनारस आए और काशी हिंदू विश्वविद्यालय में प्राध्यापक के पद पर नियुक्त हुए। बाद में कुछ काल उन्होंने रामकृष्ण मिशन-कार्य में भी सक्रिय सहयोग दिया। वे श्रेष्ठ संगठन क्षमता वाले व्यक्ति थे। उन्होंने अपना संपूर्ण जीवन राष्ट्र-सेवा में लगाया। वे गहरी धार्मिकता वाले व्यक्ति थे और हिंदू-संस्कृति और सभ्यता में सुधार के लिए उन्होंने लवलीन होकर कार्य किया।

हमारे राष्ट्रजीवन में उन्होंने आदरपूर्ण स्थान प्राप्त किया। उनके निधन से हमने एक सम्माननीय व्यक्ति खोया है।"

तत्कालीन लोकसभा अध्यक्ष श्री गुरुदयाल सिंह ढिल्लों ने श्रद्धांजलि देते हुए कहा–

"गुरुजी नाम से विख्यात श्री माधवराव सदाशिवराव गोलवलकर की मृत्यु की दुःखद सूचना सदन में दी जा रही है। 67 वर्ष की आयु में वे 5 जून, 1973 को नागपुर में स्वर्गवासी हुए। श्री गोलवलकर श्रेष्ठ संगठन क्षमता वाले नेता थे। अपने व्यक्तित्व, विद्वत्ता और अपने उद्देश्य के प्रति अथाह निष्ठा के बल पर वे जनजीवन में, विचारकों के बीच प्रमुख रूप से जाने-माने जाते थे। यद्यपि अनेक लोग ऐसे हो सकते हैं, जो उनकी विचारधारा और राजनीतिक दर्शन से मतभिन्नता रखते हों, फिर भी यह सत्य है कि उन्होंने अपने तरीके से देश की सेवा के अथक प्रयत्न किए। उनके निधन से देश के सार्वजनिक क्षेत्र में गहरी क्षति हुई है।"

श्री अटल बिहारी वाजपेयी ने अपनी श्रद्धांजलि में कहा–

"श्री गुरुजी के महान व्यक्तित्व में समर्थ स्वामी रामदास की भक्ति तथा शिवाजी महाराज की शक्ति का अपूर्व संगम था। उनमें रामकृष्ण की तपस्या और स्वामी विवेकानंद के तेज का समन्वय था।

आत्मविस्मृत हिंदू समाज को स्वत्व का साक्षात्कार कराके श्री गुरुजी ने उसे संगठित, शक्तिशाली तथा आत्मविश्वास से परिपूर्ण बनाने के राष्ट्र कार्य के लिए अपने शरीर का कण-कण और जीवन का क्षण-क्षण समर्पित कर दिया। लाखों युवकों ने उनके तपस्वी तथा तेजस्वी जीवन से प्रेरणा लेकर अपना घर-बार छोड़ा और समूचे भारतवर्ष में प्रखर एवं विशुद्ध राष्ट्रवाद का अलख जगाया।"

शिव सेना प्रमुख बाल ठाकरे के शब्द-

"किसी जहाज के नायक की भांति श्री गोलवलकर जी संघ को अनेक संकटों में से कुशलतापूर्वक आगे बढ़ाते ही गए।"

आचार्य विनोबा भावे जी ने अपनी विनम्र श्रद्धांजलि अर्पित करते हुए कहा-

"मेरे हृदय में उनके लिए बड़ा आदर रहा है। उनका दृष्टिकोण व्यापक, उदार और राष्ट्रीय था। वे हर चीज पर राष्ट्रीय दृष्टिकोण से विचार करते थे। उनका अध्यात्म में अटूट विश्वास था और सभी धर्मों के लिए उनके हृदय में आदर का भाव था। उनमें संकीर्णता लेश-मात्र भी नहीं थी। वे हमेशा उच्च राष्ट्रीय विचारों से कार्य करते थे।

श्री गोलवलकर को अध्यात्म से गहरा प्रेम था। वे इस्लाम, मसीही आदि अन्य धर्मों को बड़े आदर की दृष्टि से देखते थे और यह अपेक्षा करते थे कि भारत में कोई अलग न रह जाए।"

श्रीमती विजयाराजे सिंधिया ने अपनी श्रद्धांजलि में कहा-

"जब राष्ट्र को उनकी सबसे ज्यादा आवश्यकता थी, तब वे चल दिए। यह हमारे देश का दुर्भाग्य है। राष्ट्र के लिए समर्पित उस महान जीवन से हम देश के लिए पल-पल, तिल-तिल जलने की प्रेरणा लें।"

श्री जयप्रकाश नारायण ने अपनी श्रद्धांजलि में कहा–

"श्री गुरुजी आध्यात्मिक विभूति थे। यह एक बड़ा बोध है कि हम भारतीय हैं। हमारी हजारों वर्ष पुरानी परंपरा है। भारत का निर्माण भारतीय आधार पर ही होगा। चाहे हम कितने ही 'मॉडर्न' क्यों न हो जाएं; हम अमरीकी, फ्रेंच, इंग्लिश, जर्मन नहीं कहला सकते। हम भारतीय ही रहेंगे। यह "बोध" है राष्ट्रीयता का बोध, जिसे सहस्त्रों नवयुवकों में जगाया था पूज्य गुरुजी ने। मैं आशा करता हूं कि श्री बालासाहब देवरस पूज्य गुरुजी की परंपरा को निभाएंगे।"

अकाली दल के तत्कालीन जत्थेदार श्री संतोष सिंह ने अपनी श्रद्धांजलि इस प्रकार व्यक्त की–

"श्री गुरुजी एक महापुरुष थे। उन जैसे व्यक्ति अमर होते हैं। श्री गुरुजी के देहावसान से सिक्ख संप्रदाय को भारी क्षति हुई है। उनके सामने खड़े होकर हिंदू-सिक्ख का भेद-भाव खत्म हो जाता था।"

श्री लालकृष्ण आडवाणी ने श्रद्धांजलि दी–

"गुरुजी आधुनिक युग के स्वामी विवेकानंद थे जो महान व विशाल भारत के निर्माण के लिए दृढ़ संकल्प व निष्ठा के साथ प्रयत्नशील थे। देश के लाखों युवकों के लिए गुरुजी अटल देशभक्ति और निःस्वार्थ त्याग के प्रेरणादायक प्रतीक थे।"

कांची कामकोटि पीठ के शंकराचार्य स्वामी श्री जयेंद्र सरस्वती ने श्रद्धांजलि देते हुए कहा–

"श्री गोलवलकर जी जीवन के अंतिम क्षणों तक हिंदू धर्म, हिंदू संस्कृति तथा राष्ट्र की सेवा के लिए अथक प्रयत्न करते रहे। वे सफेद कपड़ों में एक तपस्वी संत थे।"

स्वामी करपात्री ने अपनी श्रद्धांजलि में कहा-

"श्री गुरुजी के निधन से राष्ट्र व हिंदू समाज की अपूर्णीय क्षति हुई है।

श्री गोलवलकर जी से धार्मिक विषयों में मतभेद हो सकते थे किंतु उनकी उत्कृष्ट राष्ट्र-भक्ति तथा समर्पित भाव से राष्ट्र और समाज-सेवा के क्षेत्र में किए गए कार्य प्रेरणादायक रहेंगे।"

साहित्यकार जैनेंद्र कुमार ने अपनी श्रद्धांजलि अर्पित करते हुए कहा-

"श्री गोलवलकर भारत के प्रभावशाली तथा प्रतिभावान सुपुत्रों में से थे। उनका व्यक्तित्व तथा वक्तत्वय अनूठा था। उनके निधन से भारत एक रत्न से वंचित हो गया।"

उपन्यासकार गुरुदत्त के शब्दों में-

"मुझे इस समाचार से भारी आघात लगा है। इस अभाव की पूर्ति होना कठिन है।"

मार्क्सवादी कम्युनिस्ट पार्टी के श्री तकी रहीम ने कहा-

"यद्यपि मैंने श्री गुरुजी के कभी दर्शन नहीं किए तथापि देश के उज्ज्वल भविष्य के उनके आदर्श में विश्वास रखने वालों में गुरुजी की प्रेरणाशक्ति को मैंने अनुभव किया है।"

पुरी के जगद्गुरु शंकराचार्य स्वामी निरंजन देव तीर्थ ने कहा-

"श्री गोलवलकर जी ने धर्मप्राण भारत से गोहत्या के कलंक को मिटाने के लिए सदा आगे रहकर प्रयास किया। हिंदू संगठन के वे आकांक्षी थे तथा हमें उनके इस महान लक्ष्य की पूर्ति कर उनकी आकांक्षा को साकार रूप देना चाहिए।"

कांग्रेसी नेता हाफीजुद्दीन कुरैशी के शब्दों में-

"वे वास्तव में महापुरुष थे। दूर से देखने वाले लोग उनके बारे में गलत

धारणा बना लेते थे। वे सांप्रदायिक नहीं थे, वे मुस्लिम विरोधी भी नहीं थे। मुस्लिम विरोध के नाम पर आज तक मुसलमानों को संघ के नाम पर बरगलाया जाता रहा है। श्री गुरुजी समान अधिकारों और धार्मिक स्वतंत्रता के पक्षधर थे।"

जैन आचार्य श्री तुलसी महाराज ने कहा–

"श्री गोलवलकर जी के स्वर्गवास का समाचार आकस्मिक-सा लगा। उनमें सक्रियता, संगठन शक्ति और भारतीय संस्कृति का अनुराग था। वे समालोचक और गुणग्राही दोनों एक साथ थे। वे राष्ट्रीय चरित्र पर बहुत बल देते थे, इसीलिए उनसे हमारा संपर्क और अणुव्रत आंदोलन के प्रति उनका आकर्षण हुआ।"

राष्ट्र सेविका समिति की श्रीमती लक्ष्मीबाई केलकर ने कहा–

"भारत की हिंदुत्वनिष्ठ शक्ति का मानबिन्दु चला गया है। हिन्दू राष्ट्र की इससे अपरिमित क्षति हुई है।"

पत्र-पत्रिकाओं ने अपनी-अपनी श्रद्धांजलियां इस प्रकार दीं

'नवभारत टाइम्स' ने अपनी श्रद्धांजलि में लिखा–

"विचार और आदर्शों से मतभेद रखने वाले लोग भी स्वर्गीय गुरु गोलवलकर जी की जीवन की तेजस्विता, त्याग और तपस्या को हार्दिक स्वीकृति देते हैं। गुणों का हमारे राष्ट्रीय जीवन से लोप हो रहा है, आदर्शों की व्यक्तिगत साधना आज के सतही विचारकों के हाथों उपहास का विषय बनाई जाती है, लेकिन यह एक ऐतिहासिक निर्विवाद तथ्य है कि किसी भी राष्ट्र का एक शक्तिशाली राष्ट्र के रूप में तब तक निर्माण नहीं किया जा सकता, जब तक उसमें उन्हीं गुणों का समावेश नहीं होगा

जिनका श्री गोलवलकर जी के जीवन में आविष्कार हुआ था। इन महान गुणों के सामने धर्मनिरपेक्षता और लौकिकतावादी चमक फीकी पड़ जाती है।"

'नागपुर टाइम्स' ने अपनी श्रद्धांजलि में लिखा–

"इस सामान्य विश्वास के विपरीत कि दीक्षा से व्यक्ति योगी बन जाता है, श्री गुरुजी को भी दीक्षा मिली। उसने उन्हें देश-सेवा में ही दृढ़ रूप से प्रतिष्ठित किया, लेकिन योगाभ्यास या ध्यान लगाने या आध्यात्मिक साधना से विमुख नहीं किया। वास्तव में वे अध्यात्म के मार्ग पर तीव्र गति से बढ़ते रहे और इन वर्षों में उनका जैसा आचरण और व्यवहार रहा, उससे यह प्रतीत होता है कि उन्होंने परमानंद की अनुभूति कर ली थी। किंतु इस अनुभूति में भी वे अपने उस मिशन के प्रति पूरा ध्यान देते रहे जिसके अंतर्गत वे लोगों को उन बातों का स्मरण कराते रहे जिन्हें लोग विस्मृत कर गए थे। और इसी प्रकार से इन लोगों को भारत की प्राचीन परंपरा से संबंध बनाने के लिए जागरूक करते रहे। इन सबसे यही सिद्ध होता है कि वे संन्यासी के रूप में एक निष्ठावान कर्मयोगी थे। उनका यह विश्वास था कि जन-मानस में इस सत्य के बीज के आरोपण से बढ़कर कोई कार्य नहीं कि वे सभी मिलकर एक राष्ट्र हैं और उनका राष्ट्र निर्माणावस्था में नहीं है बल्कि पहले से ही फल-फूल रहा है, और सबसे बढ़कर यह कि यह भूमि मात्र मिट्टी या धूल नहीं है, बल्कि यह उन सबकी पवित्र माता है।"

'टाइम्स आफ इंडिया' ने अपनी श्रद्धांजलि में लिखा–

"गांधीजी की हत्या के उपरांत जो जन-रोष उमड़ा, उसके परिणाम स्वरूप यह (रा.स्व.संघ) बिल्कुल अस्त-व्यस्त हो गया था। यदि (प्रतिबंध के शक्तिक्षय) कुछ वर्षों के बाद यह फिर से क्रियाशील हुआ तो यह केवल श्री गुरुजी के संगठन की दुर्लभ क्षमताओं के कारण ही। पच्चासोत्तरी दशक में रा. स्व. संघ के विकास में श्री गोलवलकर की कठोर और संयमयुक्त जीवन पद्धति का योगदान किसी भी रूप में कम नहीं था।"

'हिन्दुस्तान' समाचार पत्र ने अपनी श्रद्धांजलि में लिखा–

"गुरुजी शक्ति के उपासक तो थे ही, विवेकानंद एवं शंकराचार्य की भांति शक्ति और चरित्र के मंत्रदाता भी थे। पथ उनका अवश्य भिन्न था, किंतु

इतिहास—पथ से व्यक्ति का मूल्यांकन नहीं करता है। पथ पर चलने की लगन और पौरुष-पुरुषार्थ के साथ अपराजित निष्ठा से निखरे चरित्ररूपी स्वर्ण को कसौटी पर चढ़ाकर कसता है। व्यक्ति और व्यक्तित्व के क्षेत्र में गुरुजी प्रदीप्त स्वर्ण थे। अपनी पीढ़ी के विशिष्ट विभूतियों में वे सदैव स्मरणीय रहेंगे।"

'हिन्दुस्तान टाइम्स' ने अपनी श्रद्धांजलि में लिखा–

"श्री एम. एस. गोलवलकर का दिवंगत हो जाना रा.स्व.संघ के एक युग की समाप्ति का द्योतक है। 1940 में रा. स्व. संघ के संस्थापक डॉक्टर हेडगेवार द्वारा सरसंघचालक के रूप में नियुक्त होने के बाद श्री गोलवलकर ने इसको (रा.स्व.संघ) एक सिद्धांत और संगठन का रूप प्रदान किया जो तत्कालीन परिस्थितियों का एक उत्तर हो सकता था। संघ राष्ट्रवाद के प्रति समर्पित होकर एक सुगठित और जबर्दस्त सांस्कृतिक निकाय के रूप में विकसित हुआ।"

'ट्रिब्यून' ने अपनी श्रद्धांजलि देते हुए प्रकाशित किया–

"यदि व्यक्तित्व किसी आदमी के लिए वैसा ही है जैसे पुष्प के लिए सुरभि तो स्वर्गीय श्री गोलवलकर का व्यक्तित्व विलक्षण था। दिखने में वे दुबले-पतले और कठोर संयम के प्रतीक लगते थे। उन्हें अपनी इमेज बनाने के लिए रेडियो, फिल्म अथवा प्रेस की कोई आवश्यकता नहीं थी। वे आत्म प्रक्षेपण (सेल्फ प्रोजेक्शन) को अनावश्यक मानकर इसकी उपेक्षा कर सकते थे और इसके बावजूद अपने योग्य प्रतिष्ठा का स्थान बना सके थे।"

'इंडियन एक्सप्रैस' ने अपनी श्रद्धांजलि इस प्रकार दी–

"श्री गोलवलकर में ऐसा कुछ जरूर था जो प्राचीन भारत के ऋषियों में ही मिलता है। उनकी लम्बी दाढ़ी, उनका संयमित व्यक्तिगत जीवन, उन मूल्यों के प्रति उनकी गहरी आस्था, जिसका प्रतिनिधित्व हिंदू समाज युगों-युगों से करता आया है—इन बातों के कारण भारत के सर्वाधिक अनुशासित संगठन में से एक, राष्ट्रीय स्वयंसेवक संघ के विलक्षण नेता के रूप में उन्हें एक सबसे अलग और विशिष्ट स्थान प्राप्त हुआ।"

•••

अध्याय–10

अमर संस्मरण

किसी भी प्राणी का नश्वर शरीर समाप्त हो जाने के बाद शेष रहते हैं तो केवल उसके कार्य, उसकी स्मृतियां और उसकी ये स्मृतियां उसके निकटवर्ती व्यक्तियों से, उसके कार्यों के माध्यम से हमारे समक्ष आती हैं।

गुरुजी जैसे महान व्यक्तित्व के संस्मरण भी उनके निकटवर्ती व्यक्तियों ने अपने-अपने शब्दों में लिखें हैं, कुछ प्रमुख संस्मरण इस प्रकार हैं–

ध्येय के साथ तादात्म्य–

"हम लोग समाचार पत्र पढ़ रहे थे। आदि से अंत तक करीब-करीब सभी पढ़ डाला। इतने में श्री गुरुजी ने कमरे में प्रवेश किया और सहज भाव से समाचार पत्र उठाकर इधर-उधर निगाह डाली। सुर्खियां देखीं, पन्ने उलटे और समाचार पत्र रख दिया। बातचीत शुरू हो गई। बातचीत के दौरान संघ संबंधी समाचार का जिक्र आ गया, जो उसी समाचार पत्र में छपा था। मैंने पूछा—"परंतु पत्र में वह समाचार है कहां?" गुरुजी ने कहा—"इसी अखबार में तो है।"

मैंने पूरा अखबार पढ़ा था। परंतु मुझे वह समाचार कहीं नहीं दिखा। अखबार लेकर फिर पन्ने उलटे, पर वहां संघ का कहीं भी नाम नहीं मिला। श्री गुरुजी ने मेरी हैरानी देखकर अखबार हाथ में लिया और बताया— 'यह है वह समाचार।'

बाजार-भाव के पन्ने पर एक ओर वह छोटा-सा समाचार छपा था। मैं मन-ही-मन सोचने लगा—'कहां छाप दिया है? हम लोग क्या व्यापारी हैं, जो इस पन्ने पर निगाह जाती?' दूसरे ही क्षण विचार आया कि 'श्री गुरुजी भी तो व्यापारी नहीं। वे तो कोसों दूर हैं मोल-तोल और भाव-ताव से। फिर उनकी निगाह कैसे गई? और फिर अखबार भी मेरी तरह पूरा नहीं पढ़ा। सुर्खियां ही इतनी थीं कि जितनी देर वह पत्र उनके हाथ में रहा, पूरी नहीं पढ़ी जा सकती थीं। मैंने अपनी शंका रखी भी नहीं, पर शायद वे समझ गए। उन्होंने इतना ही क़हा—"भीड़ में भी मां को अपना बच्चा दिख जाता है और कोलाहल में भी अपने आत्मीय जन के शब्द साफ समझ में आते हैं।" मेरी समझ में आ गया। ध्येय के साथ तादात्म्य है, जिसके कारण वे उस समाचार को देख सके।"

- पं. दीनदयाल उपाध्याय

जीवट की पराकाष्ठा-

"श्री गुरुजी के बंबई में कर्क रोग के, दिनांक 1 जुलाई, 1970 के ऑपरेशन के 24 घंटे बाद ही हम उनसे मिलने गए। ओह! कितना आश्चर्य! सुहास्य वंदन से उन्होंने हमारा स्वागत किया। चेहरे पर सदैव के समान स्मित, सदैव के समान शांति। डॉक्टरों ने केवल छाती के ऊपर की गांठ ही नहीं अपितु सावधानी और भविष्य का विचार करके बाईं कांख में से भी गांठें निकाल दीं। इतना बड़ा ऑपरेशन, शरीर पर इतनी बड़ी पट्टियां; परंतु चेहरे पर कष्ट का कोई भाव नहीं। समक्ष दर्शन हो रहा था गीता के प्रत्यक्ष आचरण का **'नैनं छिन्दन्ति शस्त्राणि।'**

10 जुलाई से केंद्रीय कार्यकारी मंडल की बैठक बंबई में ही आरंभ हुई। सरकार्यवाह द्वारा प्रतिदिन जाकर बैठक का वृत्तांत उन्हें (गुरुजी को) देने का काम चलता था। 12 जुलाई को बैठक का अंतिम दिन था। कितना आश्चर्य! श्री गुरुजी को अस्पताल से कुछ समय के लिए अवकाश मिला, जिससे वे समारोह में उपस्थित हो सकें और हमारे साथ प्रार्थना कर सकें। तदुपरांत सभी के साथ भोजन भी।"

- भाऊराव देवरस

हंस उड़ चुका था–

"5 जून, 1973 सुबह का समय, चाय-पान का वक्त, पूजनीय गुरुजी के कमरे में (उसे कोठरी कहना ही अधिक उपयुक्त होगा) जब हम लोग प्रविष्ट हुए तब वे कुर्सी पर बैठे हुए थे। चरण स्पर्श के लिए हाथ बढ़ाए। सदैव की भांति पांव पीछे खींच लिए। मेरे साथ आए हुए स्वयंसेवकों का परिचय हुआ। उनमें आदिलाबाद के एक डॉक्टर थे। श्री गुरुजी विनोदवार्ता सुनाने लगे कि एक मरीज एक डॉक्टर के पास गया। डॉक्टर ने पूछा— "क्या कष्ट है? सारी कहानी सुनाओ।"

मरीज बिगड़ गया और बोला—"अगर मुझे ही अपना रोग बताना है तो फिर आप निदान क्या करेंगे? बिना बताए जो बीमारी समझे, ऐसा डॉक्टर मुझे चाहिए।"

डॉक्टर एक क्षण चुप रहे। फिर बोले—"ठहरो, तुम्हारे लिये दूसरा डॉक्टर बुलाता हूं।" जो डॉक्टर आया, वह जानवरों का डॉक्टर था। बिना कुछ कहे सब कुछ समझ लेता था।

कथा सुनकर हंसी का फव्वारा फूट पड़ा। रात्रि के जागरण की थकान पल भर में दूर हो गई। श्री गुरुजी स्वयं हंसी में शामिल हो गए। फिर और एक किस्सा सुनाया, हंसते-हंसते पेट में बल पड़ गए।

इतने में चाय आ गई। चाय सबको मिली या नहीं, इसकी चिंता श्री गुरुजी स्वयं कर रहे थे। कौन चाय नहीं पीता, किसको दूध की आवश्यकता है, इसका उन्हें बड़ा ध्यान रहता था। सबके बाद स्वयं चाय ली। कप में नाममात्र की चाय थी। उन्होंने उसे और कम करवाया। शायद हमारा साथ देने के लिए ही वे चाय-पान कर रहे थे। निगलने में बड़ा कष्ट था। सांस लेने में अत्यधिक पीड़ा थी।

किंतु चेहरे पर थी वही मुक्त मोहिनी मुस्कान। हृदय-हृदय को हरने वाला हास्य। मुरझाये मन की कली-कली को खिलाने वाली खिलखिलाहट। निराशा, हताशा और दुराशा को दूर भगाने वाला दुर्दम्य आत्मविश्वास।

कमरे के किसी कोने में मौत खड़ी थी। शरीर छूट रहा था।

एक-एक कर सभी बंधन टूट रहे थे। महामुक्ति का मंगल मुहूर्त निकट था। एक क्षण के लिए मुझे लगा, शूलों की शय्या पर भीष्म पितामह मृत्यु की बाट जोह रहे हैं, इच्छा-मरण सुना भर था, आज आंखों से देख लिया।

सायंकाल उन्हें कुर्सी में ही बैठकर प्रार्थना करने के लिए कहा गया तथा रात्रि नौ बजकर पांच मिनट पर उन्होंने इहलोक यात्रा पूर्ण की।

6 जून, 1973 हेडगेवार भवन। एक दिन में कितना अंतर हो गया। कल सब शांत था, आज शोक की निस्तब्ध चीत्कार हृदय को चीर रही थी। कल सब अपने काम में लगे थे, आज कैसे सब कुछ खोकर खाली हाथ खड़े थे। आंखों में पानी, हृदय में हाहाकार, कभी न भरने वाला घाव, कभी न मिटने वाला दर्द।

पूजनीय गुरुजी का पार्थिव शरीर दर्शन के लिए कार्यालय के कमरे में रखा था। आज उन्होंने मुझे चरण स्पर्श करने से नहीं रोका। अपने पांव पीछे नहीं हटाए। हार पहनने में विरोध नहीं किया। सिर पर प्रेम से हाथ नहीं फेरा। प्यार भरी मुस्कान से नहीं देखा। हाल-चाल नहीं पूछा। वे अनंत निद्रा में निमग्न थे। हंस उड़ चुका था, काया के पिंजड़े को तोड़कर पूर्ण में विलीन हो चुका था।

गुरुजी नहीं रहे। उनका विराट व्यक्तित्व छोटी-सी काया में कब तक कैद रहता? जीवन भर तिल-तिल जलकर लाखों जीवनों को आलोकित-प्रकाशित करने वाला तेजपुंज मुट्ठी भर हाड़-मांस के शरीर में कब तक सीमित रहता?

परंतु गुरुजी हमेशा रहेंगे, हमारे जीवन में, हृदयों में, कार्यों में। अग्नि उनके शरीर को निगल सकती है, हृदय-हृदय में उनके द्वारा प्रदीप्त प्रखर राष्ट्रप्रेम तथा नि:स्वार्थ समाजसेवा की चिनगारी को कोई नहीं बुझा सकता।"

- अटल बिहारी वाजपेयी

भविष्यदर्शी-

"सन् 1962 में राजस्थान प्रवास पर जब गुरुजी आए तो चित्तौड़ में उनका

सार्वजनिक कार्यक्रम था। अपने भाषण में गुरुजी ने यह रहस्योद्‌घाटन किया—"मेरे पास पक्की जानकारी है कि चीन भारत पर आक्रमण करने वाला है। हमारे देश के नेता तो 'हिंदी-चीनी भाई-भाई के नारे लगा रहे हैं और दिल्ली के लालकिले में चीन के प्रधानमंत्री का स्वागत कर रहे हैं, पर चीन आक्रमण करेगा।"

दो दिन बाद यही बात उन्होंने अलवर के भाषण में भी दोहरायी। दोनों जगह ही श्री गुरुजी के भाषण की तीव्र प्रतिक्रिया हुई और दैवयोग से अगले ही दिन आकाशवाणी ने देश को यह समाचार देकर स्तंभित कर दिया कि चीन की सेनाओं ने भारत पर आक्रमण कर दिया है।"

- ब्रह्मदेव शर्मा, संघ प्रचारक, राजस्थान

सत्य स्वीकार करें–

"श्री गुरुजी का अथक और असीम परिश्रम राष्ट्रीय एकात्मता और अखंडता के प्रति समर्पित था। राजनीतिक स्वार्थ की आंधी में बड़े-बड़े लोगों के पैर उखड़ते देखे गए हैं। ऐसे व्यामोह एवं स्वार्थ की आंधी के बीच भी श्री गुरुजी को हमने राष्ट्रहित में अडिग पाया है।

पंजाब की ही बात है। पंजाबी और हिंदी का भाषाई आंदोलन चल रहा था। हिंदुओं में आपसी तनाव था। केशधारी और गैर केशधारी बंधुओं के बीच विवाद उठ खड़ा हुआ था। जब श्री गुरुजी पंजाब के दौरे पर आए तो इस विवाद के संबंध में उनके विचार सुनने के लिए अमृतसर, जालंधर, लुधियाना आदि सभी स्थानों के कार्यक्रमों में जनता बड़ी संख्या में उपस्थित हुई।

श्री गुरुजी ने विवाद में उलझे हुए दोनों पक्षों को इस कटुता के लिए जिम्मेदार ठहराया। उन्होंने कहा, "सत्य स्वीकार न करने के कारण ही यह झगड़ा खड़ा हुआ। पंजाब में पंजाबी मातृभाषा है, इसे सभी को स्वीकार करना चाहिए। साथ ही सिक्ख बंधुओं को अपने को हिंदू कहलाने से कदापि इंकार नहीं करना चाहिए।"

- माधवराव मूले, संघ प्रचारक, पंजाब

राष्ट्र-समर्पित जीवन–

"गुरुजी केवल सामाजिक समस्याओं का ही चिंतन नहीं करते थे, आर्थिक समस्याओं का उनका चिंतन भी उतना ही अभ्यासपूर्ण होता था।

गुरुजी के बारे में मेरे मन में कभी कोई गलतफहमी नहीं थी। उनसे मिलने की मेरी इच्छा थी। यह इच्छा एक बार पूर्ण भी हुई। 'नवयुग मैंशन' में श्री फड़के के निवास स्थान पर हमारी दो घंटे तक बातचीत हुई।

राष्ट्रीय स्वयंसेवक संघ पर अनेक आरोप लगाए जाते हैं किंतु मुझे उनसे कुछ लेना-देना नहीं, क्योंकि संस्था कोई भी हो, दल कोई भी हो, उस पर आरोप-प्रत्यारोप होते ही रहते हैं। गुरुजी से मेरी बातचीत आर्थिक समस्याओं पर हुई। अनाज की जिलाबंदी, प्रांतबंदी को लेकर उन्होंने कहा, "प्रत्येक प्रांत स्वयंपूर्ण होकर देश को स्वयंपूर्ण बनाए। यदि सभी प्रांत सोचने लगें कि पंजाब से अनाज नहीं आएगा तो काम कैसे चलेगा।"

श्री गुरुजी का राष्ट्रसमर्पित जीवन था। उन्होंने केवल हिंदुत्व का ही विचार नहीं किया। मुसलमान नहीं चाहिए, यह उनकी भावना कदापि नहीं थी, किंतु उनका यह आग्रह अवश्य ही था कि मुसलमान राष्ट्रीय प्रवाह में समरस हों।"

– अनंत काणेकर, महाराष्ट्र के साहित्यकार

हिंदी तमिल की शत्रु नहीं–

"मदुरै (तमिलनाडु) में हुई प्रतिष्ठित सज्जनों की बैठक में एक वकील महोदय ने कहा—"हिंदी का उपयोग करने से तमिल भाषा की हानि होगी। उसका विकास नहीं होगा और तमिल का महत्त्व भी कम होगा।"

यह बात सुनकर श्री गुरुजी बोले—"ऐसा होने का तो कोई कारण नहीं, परंतु हिंदी के उपयोग का आग्रह न रहा तब तो आप पर अंग्रेज़ी सवार होगी।" वकील महोदय इससे सहमत नहीं हो पाए।

कुछ समय बाद गुरुजी ने कहा—"क्या आपकी कचहरी (कोर्ट) में तमिल भाषा में कामकाज चलाना संभव हो सकता है?"

वकील महाशय के 'हां' कहने पर गुरुजी ने पूछा—"कितने वकील तमिल भाषा में काम करते हैं?"

'एक भी नहीं' यह उत्तर सुनकर श्री गुरुजी ने कहा—"तमिल के तो आप स्वयं ही शत्रु हैं। हिंदी तमिल की शत्रु नहीं है।"

- डॉ. आबाजी थत्ते, गुरुजी के निजी सचिव और पूर्व अखिल भारतीय प्रचारक प्रमुख

जीवटता–

"सन् 1943 या 1944 के आस-पास की बात है। श्री गुरुजी के दाहिने हाथ में अत्यंत कष्टदायी पीड़ा होने लगी। एलोपैथिक डॉक्टरों ने सलाह दी कि दर्द का कारण दांत हैं, अतः उन्हें उखड़वा देना चाहिए। होम्योपैथी ने कहा कि दांत उखड़वाने की आवश्यकता नहीं। इसी झंझट में दो वर्ष व्यतीत हो गए और श्री गुरुजी को उसी प्रकार कष्ट सहते रहना पड़ा।

अंततः दांत निकलवा देना ही उचित समझा गया। इसके लिए वे वाराणसी गए। डॉक्टरों ने इंजेक्शन लगाकर मसूढ़ों को सुन्न करने का प्रस्ताव रखा, किन्तु श्री गुरुजी ने कहा—"सुन्न करने की जरूरत नहीं।"

इस प्रकार उन्होंने बिना इंजेक्शन लगवाए ही समस्त दांत उखड़वाए। कल्पना कीजिए, कितनी वेदना हुई होगी, परंतु उनके मुख पर किंचित भी विषाद की रेखा दिखाई नहीं पड़ी। इतना ही नहीं, वे जबलपुर के समीप गाड़खारा शिविर में पधारे और सबकी आशा के विपरीत लगातार दो घंटे तक भाषण दिया।"

- बाबासाहब आपटे

स्वामी जी को प्रेरणा–

"29 अक्तूबर, 1953 को पहली बार श्री गुरुजी उडुपी (कर्नाटक) आए।

वहां के सुप्रसिद्ध श्रीकृष्ण मंदिर में मठाधिपतियों ने उनका यथोचित, भावपूर्ण भव्य स्वागत किया। श्री गुरुजी ने भी मंदिर की गतिविधियों की जानकारी ली और वहां के विद्यार्थियों को संस्कृत और योगासन की शिक्षा देने का सुझाव दिया। मंदिर में भगवान् श्रीकृष्ण के दर्शन करके श्री गुरुजी वापस लौटे।

मंदिर में अष्ट मठाधिपतियों की व्यवस्था है। प्रत्येक मठाधिपति को बारी-बारी से दो वर्ष पूजा करने का अधिकार मिलता है। उस समय पेजावर मठाधीश श्री विश्वेशतीर्थ पीठाधीश पूजा-अधिकारी थे। उनकी आयु मात्र 29 वर्ष की थी। बाद में एकांत में श्री पेजावर स्वामी जी ने श्री गुरुजी से कहा— "मैं धर्म प्रचार अधिक से अधिक कर सकूं, इस विषय में मुझे सुझाव दें।"

यह सुनकर श्री गुरुजी बोले—"अपने शिष्यों को अपनी पीठ के तत्त्वज्ञान का शिक्षा-संस्कार दिया जाए। परंतु सार्वजनिक रूप में हिंदू धर्म के व्यापक विचारों का प्रचार करना अधिक उपयोगी सिद्ध होगा। अपने धर्म के सर्वसाधारण सिद्धांतों का हिंदुओं के अलावा आप ईसाइयों में भी प्रचार कर सकते हैं। श्रीरामकृष्ण परमहंस जिस ढंग की विशिष्ट शैली से अपने विचारों का प्रतिपादन किया करते थे, उस प्रकार की शैली अपनाने से ईसाइयों के मन में विरोधी भाव उत्पन्न नहीं होगा और हम लोग उन्हें क्रमशः अपने में ला सकेंगे।"

स्वामी जी के लिए यह प्रसंग इतना प्रेरक था कि तब से स्वामी जी धर्म प्रचार-विस्तार-कार्य में लगातार प्रयत्नशील हैं और हिंदू समाज की एकात्मता के कार्य में वे आज अत्यंत प्रभावशाली हैं।"

- हो. वे. शेषाद्रि

असामान्य महापुरुष–

"अतिशय गंभीर ऐसे रोग की सारी मानसिक और शारीरिक वेदनाओं का जिसने धैर्यपूर्वक सामना किया, अपने देश के प्रति जिसकी धारणा और निष्ठा अतिशय उत्कट थी; उन पर जो अंत तक अवचिल रहा, कृश और दुर्बल कही जाए ऐसी काया होते हुए भी जिसकी संकल्प शक्ति प्रचंड थी,

जिसकी निर्भयता और अनुशासन बेजोड़ थे और जिसने हर प्रकार की बुराई को ठीक से पहचान कर उसका निराकरण करते हुए सिर्फ मांगल्यपूर्ण शक्तियों को ही जाग्रत किया, ऐसा यह एक असामान्य महापुरुष था। ऐसे श्रेष्ठ पुरुष का सहवास मुझे अल्पकाल तक ही क्यों न हो, परन्तु मिल सका, यह मैं अपना परम सौभाग्य मानता हूँ।"

- डॉक्टर देसाई जो संघ से संबंधित नहीं थे लेकिन गुरुजी से बहुत प्रभावित थे

प्रभावशाली व्यक्तित्व-

"कुछ लोग ऐसे भी होते हैं कि जिनको बिना समझे ही हम घृणा करने लगते हैं। इस प्रकार के लोगों में गुरु गोलवलकर मेरी सूची में सर्वप्रथम थे। सांप्रदायिक दंगों में राष्ट्रीय स्वयंसेवक संघ की करतूतें, महात्मा गांधी की हत्या, भारत को धर्मनिरपेक्ष से हिंदू राज्य बनाने के प्रयास आदि अनेक बातें थीं, जो मैंने सुन रखी थीं। फिर भी एक पत्रकार के नाते उनसे मिलने का मोह मैं टाल नहीं सका।

मेरी कल्पना थी कि उनसे मिलते समय मुझे गणवेशधारी स्वयंसेवकों के घेरे में से गुजरना होगा, किंतु ऐसा नहीं हुआ। इतना ही नहीं, मेरी समझ थी कि मेरी कार का नम्बर नोट करने वाला कोई मुफ्ती गुप्तचर भी वहां होगा, परंतु ऐसा कुछ नहीं था। जहां वे रुके थे, वह किसी मध्यम श्रेणी के परिवार का कमरा था। बाहर जूतों-चप्पलों की कतार लगी थी। वातावरण में व्याप्त अगरबत्ती की सुगंध से ऐसा लगता था मानो कमरे में पूजा हो रही हो। भीतर के कमरों में महिलाओं की हलचलें हो रही थीं। बर्तनों और कप-सॉसरों की आवाज आ रही थी। मैं कमरे में पहुंचा। महाराष्ट्रीय ब्राह्मणों की पद्धति के अनुसार शुभ-धवल धोती-कुरता पहने 10-12 लोग वहां बैठे थे। 65 के लगभग आयु, इकहरी देह, कंधों पर झूलती काली-घुंघराली केशराशि, मुखमुद्रा को आवृत्त करती उनकी मूंछें, विरल भूरी दाढ़ी, कभी लुप्त न होने वाली मुस्कान और चश्मे के भीतर से झांकते उनके काले चमकीले नेत्र; मुझे लगा कि वे भारतीय हो-ची-मिन्ह ही हैं। उनकी छाती के कर्क रोग पर अभी-अभी शल्यक्रिया हुई है, फिर भी वे पूर्ण स्वस्थ और प्रसन्नचित दिखाई दे रहे हैं।

गुरु होने के कारण शिष्यवत् चरण-स्पर्श की वे मुझसे अपेक्षा करते हों, इस मान्यता से मैं झुका परंतु उन्होंने मुझे वैसा करने का अवसर ही नहीं दिया। उन्होंने मेरे हाथ पकड़े, मुझे खींचकर अपने निकट बिठा लिया और कहा, 'आपसे मिलकर बड़ी प्रसन्नता हुई। बहुत दिनों से आप से मिलने की इच्छा थी।' उनकी हिंदी बड़ी शुद्ध थी।

'मुझे भी! खासकर, जबसे मैंने आपका 'बंच ऑफ लेटर्स' पढ़ा' कुछ सकुचाते हुए मैंने कहा।

'बंच ऑफ थाट्स' कहकर उन्होंने मेरी भूल सुधारी किंतु उस ग्रंथ पर मेरी राय जानने की उन्होंने कोई इच्छा व्यक्त नहीं की। मेरी एक हथेली को अपने हाथों में लेकर उसे सहलाते हुए वे मुझसे बोले, 'कहिए।'

मैं समझ नहीं पा रहा था कि प्रारंभ कहां से करूं। मैंने कहा, 'सुना है, आप समाचारपत्रीय प्रसिद्धि को टालते हैं और आपका संगठन गुप्त है।'

'यह सत्य है कि हमें प्रसिद्धि की चाह नहीं, किंतु गुप्तता की कोई बात ही नहीं। मुझसे जो चाहे पूछें', उन्होंने उत्तर दिया।

इसी प्रकार विभिन्न विषयों पर परस्पर खुलकर बातचीत हुई।

मैं गुरुजी का आधे घंटे का समय ले चुका था। फिर भी उनमें किसी तरह की बेचैनी के चिह्न दिखाई नहीं दिए। मैं उनसे आज्ञा लेने लगा तो उन्होंने हाथ पकड़ कर पैर छूने से मुझे रोक दिया।

क्या मैं प्रभावित हुआ? मैं स्वीकार करता हूं कि हां। उन्होंने मुझे अपना दृष्टिकोण स्वीकार कराने का कोई प्रयास नहीं किया अपितु उन्होंने मेरे भीतर यह भावना निर्मित कर दी कि किसी भी बात को समझने-समझाने के लिए उनका हृदय खुला हुआ है। नागपुर आकर वस्तुस्थिति को स्वयं समझने का उनका निमंत्रण मैंने स्वीकार कर लिया है। हो सकता है कि हिंदू-मुस्लिम एकता को राष्ट्रीय स्वयंसेवक संघ का उद्देश्य बनाने के लिए मैं उनको मना सकूंगा और यह भी हो सकता है कि मेरी यह धारणा एक भोले-भाले सरदार जी जैसी हो।"

- खुशवंत सिंह

•••

अध्याय–11

कुछ प्रेरक पत्र

गुरुजी पत्र लिखने के प्रति बेहद संवेदनशील थे और उन्हें प्राप्त सभी पत्रों के जवाब स्वयं देते थे। श्री बालासाहब देवरस के अनुसार—"श्री गुरुजी स्वयं पत्र लिखते थे। बैठकों में वार्तालाप होता रहता था और गुरुजी पत्र लिखते रहते थे। प्रतिदिन यदि पांच पत्र लिखने की भी गणना करें तो एक वर्ष में वे लगभग डेढ़–दो हजार पत्र लिखते होंगे। इस प्रकार 33 वर्ष के अपने कार्यकाल में उन्होंने कितने पत्र लिखे होंगे, उसका आकलन करना काफी आश्चर्यजनक होगा।"

यहां हम गुरुजी के कुछ ऐसे ही प्रमुख एवं प्रेरक पत्र देने का लोभ संवरण नहीं कर पा रहे हैं–

गोरक्षा समिति दिखावा–

संघ के गोरक्षा अभियान के चलते सरकार ने गोरक्षा समिति बनाई थी, जिसमें गुरुजी को भी रखा गया था। उस संबंध में गुरुजी ने तत्कालीन रक्षामंत्री श्री जगजीवन राम को 5 जुलाई, 1967 को पत्र लिखा—

"आपके मंत्रालय से गोरक्षा समिति के गठन के प्रस्ताव की प्रतिलिपि आज मुझे प्राप्त हुई। उस समिति में मेरे नाम का अंतर्भाव किया है, इसका बोध हुआ। जब कभी समिति अपना कार्य प्रारंभ करेगी, उसमें उपस्थित रहने का प्रयत्न करूंगा। परन्तु आज ही तिहाड़ केन्द्रीय कारागार से एक पत्र मेरे पास आया है। गोरक्षा आंदोलन के सत्याग्रही के रूप में बंदीवास का दंड भोगने वाले किसी बंधु का पत्र है।

कुछ दिन पूर्व ही उस कारागार में इन सत्याग्रहियों के साथ, परम वंदनीय श्री करपात्री स्वामी आदि महात्माओं के साथ, जो अत्याचारी व्यवहार हुआ है, उसका व्यथित हृदय से उस पत्र में उल्लेख किया गया है। यह इतना आश्चर्यकारक कांड है कि उस संबंध में वृत्तांत सुनते ही अंतःकरण शोकग्रस्त एवं क्षुब्ध हो उठा है। ऐसी घटनाओं के होते हुए 'समिति' क्या कार्य कर सकेगी, यह समझ में नहीं आता। मुझे तो ऐसा लगता है कि समिति का गठन आदि केवल दिखावा है, उसमें तथ्य नहीं, हृदय की सच्चाई नहीं। इस अविश्वास के वातावरण को शुद्ध करना आवश्यक है।"

अनार्य भाषा–

गुरुजी अंग्रेजी भाषा के बारे में क्या सोचते थे, वह इस पत्र से ज्ञात होता है एवं उससे स्वदेशी की भावना भी झलकती है। उन्होंने यह पत्र श्री धुंडिराज शास्त्री को लिखा जो कि पुणे के न्यायरत्न थे। 13 जुलाई, 1955 को लिखे उस पत्र के प्रमुख अंश—

"यज्ञ के विषय में आपका पत्र योग्य समय पर मिला, परंतु यह सर्व व्यवहार अंग्रेजी में लिखा हुआ देखकर विचित्र-सा लगा। यज्ञ जैसे पवित्र समारोह का व्यवहार अनार्य भाषा में हो, यह मेरे मन को अच्छा नहीं लगा। इसलिए इस विषय में अत्यंत आदर और उत्सुकता होने पर भी इस समय मुझे लगता है कि इस उपक्रम से संबंध नहीं होना चाहिए। इसलिए कृपया क्षमा करें।"

संस्कृति के प्रसार हेतु–

श्री घनश्याम महतानी को हांगकांग में लिखा पत्र—

"हम पुण्य भूमि भारत की संतान हैं, जिनका जीवनकार्य तथा प्रयत्न मानव वंश की दिव्यता तथा पौरुष के प्रति विश्वास जगाना है, इसलिए हम सब लोग जहां भी हों, अपनी संस्कृति का दिव्य प्रकाश हृदयों में जाग्रत रखें। प्रत्येक व्यक्ति अपनी शक्ति के अनुसार संसार की अन्य प्रकाश किरणें समेटे,

जिसके कारण एक ऐसी प्रचंड अग्निज्वाला का निर्माण हो, जो समस्त संसार से अंधकार और दुःख को नष्ट कर दे।"

हिंदू संस्कृति के प्रसार हेतु–

विदेशों में रहने वाले हिंदुओं को अपने देश की संस्कृति के प्रति जाग्रत करने के उद्देश्य से गुरुजी ने विश्व हिंदू सम्मेलन के संबंध में स्वामी चिन्मयानंद जी को 4 अप्रैल, 1964 को जो पत्र लिखा उसके अनुसार–

"हमारे पुराने साथी पत्रधारक श्री शिवराम शंकर आपटे जी पर एक छोटा-सा कार्यभार सौंपा गया है, इसी संबंध में वे आप से विचार विनियम करेंगे। विश्व के विभिन्न देशों में बसे हुए हिंदुओं के प्रतिनिधियों का सम्मेलन आयोजित करने की कल्पना सामने आई है।

विदेशों में रहने वाले हिंदुओं का अपने मूल स्रोत से संबंध नहीं रहा है। भारत से अखंड रूप से धर्म और संस्कृति का जीवनरस प्राप्त होने से वंचित रहने के कारण वे विदेशी जीवन पद्धति की ओर बहते जा रहे हैं। उनके मन में हिंदू जीवन पद्धति के प्रति दृढ़ विश्वास तथा भ्रातृभाव का पुनर्जागरण करने के लिए तथा इस अवस्था को बदलने के लिए उन्होंने कोई भी देश रहने के लिए चुना हो—क्या उपाय किए जा सकते हैं, इस दृष्टि से विचार-विमर्श करने के लिए उनका एक सम्मेलन होना आवश्यक है। एतदर्थ मूल प्रेरणा भारत से ही मिलनी चाहिए। इस संबंध में विचार-विनिमय करने के लिए श्री आपटे को देशभर में अपनी अपरिहार्य आध्यात्मिक श्रेष्ठ परंपरा में विश्वास रखने वाले गणमान्य महानुभाव, जो इस कार्य में सक्रिय सहभागी हो सकते हैं तथा जिनका केवल आशीर्वाद ही इस कार्य को सफल बना सके, उनसे भेंट करने का दायित्व सौंपा है।

इस प्रारंभिक सम्मेलन से आगे क्या किया जा सकता है तथा इस कल्पना को कैसे स्पष्ट रूप से साकार किया जा सकता है, इसके बारे में विचार होना चाहिए। आपके सहयोग, परामर्श तथा आशीर्वाद की अपेक्षा से मैंने श्री आपटे जी को इस कल्पना के सविस्तार स्पष्टीकरण हेतु आपके पास भेजा है।"

शुद्ध व्यवहार–

महाराष्ट्र के 'धुले' में संघ के कार्यकर्ता श्री कृष्णराव इनामदार को 7 जुलाई, 1955 को लिखे इस पत्र के अनुसार—

"कभी-कभी नवीन कार्य में अहंकार, स्वार्थपरता, बड़प्पन की चाह, ईर्ष्या आदि जैसे अवगुण, अन्य सबको हीन मानकर उनकी खिल्ली उड़ाने की अनिष्ट प्रवृत्ति आदि बातें पैदा होती हैं। स्वपक्ष का मंडन, दूसरों का खंडन आदि करते समय अनेक बार यह एवं इस जैसे अनेक अवगुण हृदय में प्रवेश कर बढ़ने लगते हैं तथापि आपके पूर्वायुष्य की संस्कार-निर्माण तथा दृढ़ीकरण की योजना से आपका नित्य, नियमित दैनिक संपर्क रहने से आप सुरक्षित रहकर, कार्यकर्ताओं का आदर्श—सार्वजनिक समझे जाने वाले कार्यों में भी कैसा शुद्ध रहता है, यह आप अपने व्यवहार से सिद्ध करेंगे, यह मुझे विश्वास है।"

वंदनीय डॉ. अंबेडकर

9 अगस्त, 1963 को गुरुजी ने श्री शिरीष कडलाक, जो भीमराव साहित्य संघ, बम्बई के अध्यक्ष थे, को पत्र लिखा। यह पत्र उन्होंने डॉ. भीमराव अंबेडकर की 73वीं जयंती पर प्रकाशित होने वाले एक विशेषांक के अवसर पर लिखा था। उस पत्र के अनुसार—

"वंदनीय डॉ. अंबेडकर की पवित्र स्मृति का अभिवादन करना मैं अपना स्वाभाविक कर्तव्य समझता हूं। भारत के दिव्य संदेश की गर्जना से जिन्होंने संपूर्ण विश्व को हिला दिया था, उन श्रीमत स्वामी विवेकानंद ने—'दीन, दुर्बल, दरिद्र, पीड़ित, अज्ञानग्रस्त भारतवासी मेरे ईश्वर हैं, उनकी सेवा करना सच्ची ईश्वर सेवा है'—ऐसा कहकर अपने समाज की 'छुओ मत' की अनिष्ट प्रवृत्ति को जानते हुए, संलग्न रूढ़ियों पर कठोर प्रहार कर, समाज को जाग्रत करते हुए नई रचना निर्मिति का आह्वान किया। इसी आवाहन का प्रत्यक्ष व्यवस्थापन, राजनीतिक और सामाजिक अवहेलना से क्षुब्ध डॉ. अंबेडकर ने अन्य शब्दों में तथा अन्य मार्गों द्वारा निष्ठा से किया

एवं अज्ञान-दुःख से ग्रस्त तथा अपमानित, अपने समाज के एक विशाल और महत्त्वपूर्ण भाग को आत्मसम्मानपूर्वक प्रस्थापित किया। उनका यह कार्य असाधारण है। उनके द्वारा किए गए अपार तथा श्रेष्ठ उपकार से उऋण होना कठिन है।"

विद्यार्थियों का आवाहन–

यह पत्र श्री गुरुजी ने 20 जुलाई, 1962 को बंबई के श्री माधवराव गोलवलकर को प्रेषित किया। इसमें उन्होंने अनावश्यक आंदोलनों के प्रति ध्यान देने का प्रयास किया है। इस पत्र के कुछ अंश हैं—

"विद्यार्थी-बंधुओं में ज्ञानोपार्जन, बलोपार्जन, शुद्ध चरित्रोपार्जन की तीव्र आकांक्षा जाग्रत हो। सस्ती लोकप्रियता दिलाने वाले निरर्थक आंदोलनों से अनिच्छा पैदा हो। राष्ट्र चिंतन तथा उसके विशुद्ध स्वरूप का साक्षात्कार हो। राष्ट्रार्थ जीने का निश्चय उदित होकर स्थायी हो। सब प्रकार की व्यक्तिगत आकांक्षाओं का वही निश्चय प्रेरणास्त्रोत एवं नियामक हो। इन सारी बातों की ओर उनका ध्यान खींचकर इन्हीं बातों में वे रस लेंगे, ऐसा आप प्रयत्न करें।"

वीर सावरकर को पत्र–

यह पत्र श्री गुरुजी ने गोरक्षा अभियान के समय 1 अक्टूबर, 1952 को श्री विनायक दामोदर सावरकर को लिखा था। उस पत्र के अनुसार—

"हमारी परंपरा के अनुसार गोमाता तथा भूमाता एक ही हैं। अतः यह नितान्त असंभव है कि गोमाता की हत्या को प्रोत्साहन देने वाले या उस ओर दुर्लक्ष्य करने वाले लोग भारत माता के सच्चे अर्थों में भक्त हो सकते हैं।"

वैसे तो गुरुजी के पत्रों का संग्रह ग्रंथरूपी हो सकता है, अतः यहां कुछ चुनिंदा पत्र ही दिए गए हैं।

•••

अध्याय–12

गुरुजी के कुछ प्रमुख भाषण

वस्तुतः गुरुजी का प्रत्येक शब्द लोगों के लिए प्रेरणा स्वरूप था और वह आज भी प्रासंगिक हैं। गुरुजी के भाषण सुनने पर तो श्रोता मंत्रमुग्ध हो जाते थे। गुरुजी जब अपनी वाणी को सुनाने कहीं जाते तो उन्हें सुनने के लिए अपार जनसमूह एकत्रित होता था। संदर्भवश उनके कुछ प्रमुख भाषण यहां दिए जा रहे हैं।

गो-हत्या प्रतिबंध–

वर्ष 1966 में गो–रक्षा अभियान प्रारंभ था। सरकार गो–हत्या के विषय में मुसलमानों के पक्ष में थी ताकि उनका समर्थन मिलता रहे। बिहार के मुंगेर जिले में नवंबर माह में एक जनसभा का आयोजन हुआ जिसमें गुरुजी ने अपने भाषण में लोगों को संबोधित करते हुए कहा–

"अपने यहां गोहत्या पर प्रतिबंध के लिए अनेक वर्षों से प्रयत्न होते रहे हैं। इन समस्त प्रयत्नों में राष्ट्रीय स्वयंसेवक संघ का भी योगदान रहा है। गोहत्या के संबंध में कुछ लोगों का कहना है कि कुरान शरीफ में ऐसा आदेश है परंतु यह तर्क उचित नहीं है। यदि ऐसी कोई बात होती तो मुगलों के शासनकाल में गोहत्या पर प्रतिबंध न होता।

हमारी सरकार गोहत्या संबंधी मुसलमानों के अधिकार को मानती है और इसका कारण यह है कि उन्हें मुसलमानों का संगठित समर्थन मिलता है।"

हिन्दू राष्ट्र की स्थापना–

वर्ष 1972 में महाराष्ट्र के ठाणे जिले में संघ का अखिल भारतीय कार्यकर्ता सम्मेलन हुआ जिसमें गुरुजी ने कार्यकर्ताओं को संबोधित करते हुए अपने देश—हिंदू राष्ट्र के विषय पर भाषण दिया–

"यह हमारा हिंदू राष्ट्र है, इस ऐतिहासिक अनुभूत सत्य को यदि त्याग दिया तो क्या राष्ट्र के लिए त्याग, बलिदान, परिश्रम और विजय की आकांक्षाएं शेष रह सकेंगी? मुझे ऐसा लगता है कि आज भी अपने व्यक्तिगत जीवन की सुख-सुविधा और आशाओं को लात मारकर राष्ट्रसेवा में निश्चयपूर्वक जो लोग लगे हैं, उसका कारण उनके अंत:करण में विराजमान प्रेरणा है कि यह हमारा सनातन हिंदू राष्ट्र है और इसे विश्व में सार्वभौम सत्तासंपन्न और सुखी बनाकर हम दिखाएंगे। यह प्रेरणा यदि छोड़ दी, तो समर्पित जीवन की परंपरा समाप्त हो जाएगी।

इसलिए अपने राष्ट्र-जीवन के संबंध में जो भी पर्यायवाची शब्द-प्रयोग करें, उसमें असंदिग्ध रूप से हिंदू राष्ट्र की तेजस्विता प्रकट होनी चाहिए। जीवन के भिन्न-भिन्न क्षेत्रों में काम करने वाले कार्यकर्ताओं को अपने चारों ओर स्पष्ट रीति से इस सिद्धांत की तर्कशुद्धता, इतिहास-शुद्धता और भावशुद्धता को प्रकट करते हुए चलना चाहिए। मेरा अनुभव है कि लोग इस सत्य सिद्धांत को आदरपूर्वक सुनते और मानते हैं। इस प्रकार कार्य करने से दूसरा एक लाभ यह भी है कि विभिन्न क्षेत्रों में सहज सामंजस्य स्थापित होता है। आज विभिन्न क्षेत्रों में अपने कार्यकर्ता बंधु लगे हैं।

कई बार कहा जाता है कि इन सबके बीच परस्पर सामंजस्य होना चाहिए। इसके लिए क्या इतना पर्याप्त है कि किसी प्रश्न के उपस्थित होने पर मिलें और विचार करें? प्रश्न उपस्थित होने पर आपस में विचार-विनिमय तो करना ही होता है। परंतु यदि सबका एक लक्ष्य—'हिंदू राष्ट्र की स्थापना' रहा, तो परिस्थितियों के कारण उत्पन्न हुए प्रश्नों पर सामंजस्य खोजने में देरी नहीं लगेगी।"

यह धर्म युद्ध है–

वर्ष 1970 में विश्व हिंदू परिषद का अधिवेशन जोरहाट (असम) में

आयोजित हुआ। 28 मार्च को महिला सम्मेलन आयोजित हुआ जिसमें गुरुजी ने महिलाओं को भारत की आदर्श नारियों के कार्यों से प्रेरणा लेने की सलाह दी। इस संबोधन में गुरुजी ने कहा–

"महाभारत युद्ध के समय जब कुरुक्षेत्र में युद्ध को जाने के लिए सभी लोग सिद्ध हो गए तब माता का आशीर्वाद मांगने के लिए धर्मराज युधिष्ठिर, अर्जुन, भीम, नकुल और सहदेव—पांचों पांडव पहुंचे तो माता कुंती ने उनसे कहा कि 'यह धर्म युद्ध है। क्षत्रिय माता इसलिए संतान को जन्म देती है–

यदर्थं क्षत्रिया सुते, तस्य कालोऽयमागतः।
न हि वैरं समासाध सीदन्ति पुरुषर्षभा॥'

इसका तात्पर्य है—जिस कारण क्षत्राणियां पुत्र को जन्म देती हैं, वह समय आ गया है। वैर प्राप्त होने पर श्रेष्ठ पुरुष हतोत्साहित नहीं होते।

ऐसे समय में माताओं को निर्भीकता से वीरोचित्त वृत्ति से अपने धर्म तथा सत्कर्म का पालन करने की प्रेरणा देनी चाहिए, ताकि संतानों का सर्वांगीण विकास हो सके।

जिसके सामने मृत्यु भी हताश होकर तथा हारकर पति के प्राण वापस करने के लिए बाध्य होती है, उस पतिव्रता सावित्री का आदर्श हम सामने रखें। जिनमें वह पवित्रत्व तथा श्रेष्ठत्व है, वे अपने घर के अंदर, समरस होती हैं, अपने पति के साथ एकरूप होती हैं, उनमें आने वाली पीढ़ी का पूर्ण संवर्धन कर एक-एक को श्रेष्ठ बनाने की क्षमता होती है, यह ध्यान रखें।"

हिंदी राष्ट्रभाषा बने–

1949 की बात है, एक बार कोलकाता में समाचार पत्रों के प्रतिनिधियों की बैठक में गुरुजी भी उपस्थित थे। वहां गुरुजी ने राष्ट्रभाषा की समस्या के विषय में संबोधित करते हुए कहा–

"इस समय देश की समस्त समस्याओं की ओर सांस्कृतिक दृष्टि से देखते हुए वह समस्या जो कि आज हमारे सम्मुख उपस्थित है तथा जिस पर इतना अधिक बल दिया जा रहा है, राष्ट्रभाषा संबंधी है। मेरे विचार में आज जो उलझन निर्माण की गई है, वह केवल देश की अन्यान्य सभी

भाषाओं को समान रूप से राष्ट्रीय न मानने के कारण ही है। चाहे वह तमिल हो अथवा बंगला, मराठी या पंजाबी, सभी हमारी समान श्रद्धा की पात्र हैं। मेरी इच्छा है कि हम लोग देश की एकाधिक भाषाओं को जानने में समर्थ हों, जो कि हम पर समान अधिकार रखती हैं। अतएव संपूर्ण समस्या के हल की दृष्टि से हमें आज विशेषकर हिंदी को ही प्रधानता देना उचित होगा क्योंकि वही सुविधाजनक है। जहां तक कि मेरा स्वयं का संबंध है, मैं हिंदी के पक्ष में हूं और विशेषकर उस हिंदी के पक्ष में हूं जो कि सर्वसाधारण सभी भारतीय भाषाओं के समान ही संस्कृतनिष्ठ एवं संस्कृतजन्य है।

हमें इस प्रकार का भय मानने की अब तनिक भी आवश्यकता नहीं कि प्रांतीय भाषा के अधिकारों पर किसी प्रकार का अतिक्रमण होने जा रहा है। इस बात को कोई भी नहीं चाहेगा कि वे सारी भाषाएं, जिन्होंने सदियों तक हमारे विचारों को इतने सुयोग्य ढंग से अभिव्यक्त किया है, नष्ट हो जाए। उनमें से केवल कोई एक देशी भाषा जीवित रहे। किंतु फिर भी राष्ट्रभाषा के रूप में केवल उस एक भाषा को उपयोग में लाया जाए, जो कि सर्वसाधारण जन के लिए विचारों के आदान-प्रदान की दृष्टि से सुगम है तथा जिसे हिंदी कहते हैं।"

कंधे से कंधा मिलाएं-

वर्ष 1969 में नागपुर महानगर पालिका के निर्वाचन के पश्चात् जो सदस्य जीते थे उनके सम्मान में आयोजित एक कार्यक्रम में श्री गुरुजी ने उपस्थित सभाजनों को संबोधित करते हुए इस प्रकार के निर्वाचनों को कबड्डी का खेल बताते हुए सभी निर्वाचित सदस्यों को अपने कर्तव्यों को याद रखने की प्रेरणा दी। 15 अप्रैल के इस कार्यक्रम में श्री गुरुजी ने कहा-

"मैं तो इन निर्वाचनों को कबड्डी के समान मानता हूं। दो पक्ष इधर-उधर खड़े हो जाते हैं। एक-दूसरे के विरुद्ध सभी प्रकार के प्रयत्नों में जुट जाते हैं। 'यह मारा', वह मर गया' कहते हैं। अंग्रेज़ी में 'आउट' बोलते हैं। अपने यहां 'आउट' नहीं कहते, 'मारा', 'मर गया' कहते हैं। यह अपने तत्त्वज्ञान के अनुरूप ही है, क्योंकि हमारी यह मान्यता है कि मनुष्य मरने के बाद पुन: जीवित होता है। पुनर्जन्म के अमिट सिद्धांत को दिखाने वाला यह

खेल है। जब खेल चलता है, तो बड़े आवेश के साथ चलता है। परंतु जब समाप्त हो जाता है, तो कोई हारा हो या कोई जीता हो, सभी आपस में बैठते-उठते हैं, घनिष्ठ मित्र के नाते एक-दूसरे के साथ व्यवहार करते हैं।

मैं समझता हूं कि निर्वाचनों में भी यह बात लाभदायक होती है। मेरी प्रार्थना है कि नवनिर्वाचित बंधु भी इसी प्रकार का विचार रखें कि सभी का लक्ष्य एक समान ही है। नगरपालिका यानी वास्तविक रूप में नगर का पालन करने वाली। इस कार्य को यथार्थ रूप में हम निभा सकें, उसका निर्वाह कर सकें, यही सबका एकमेव लक्ष्य है, अत: इस लक्ष्य की पूर्ति के लिए आपस में अधिकाधिक विचार-विमर्श कर सभी दृष्टि से योग्य योजनाएं बनाएं और सब कंधे से कंधा मिलाकर प्रयत्न करें।"

परिपूर्ण मानव–

फरवरी 1972 में कानपुर के पं. दीनदयाल उपाध्याय सनातन विद्यालय में एक कार्यक्रम में गुरुजी को भाषण देना था जिसका विषय था परिपूर्ण मानव। गुरुजी ने अपने भाषण में कहा :

"अवगुणों, विकारों को भली भांति नियंत्रित करके मानसिक सुव्यवस्था का निर्माण करना भी धर्म का एक महत्त्वपूर्ण अंग है। इस धर्म को अपने जीवन का आधार मानकर इसके अनुरूप अर्थ काम को नियोजित कर और इस धर्म के सद्‌गुण संपन्न जीवन का पूरी तरह से अपने अंदर आविष्कार कर अंतिम लक्ष्य की नित्य उपासना करते हुए चतुर्थ एवं अंतिम पुरुषार्थ मोक्ष की प्राप्ति के लिए प्रयत्न करना मनुष्य जीवन का संपूर्ण स्वरूप है। यही परिपूर्ण मानव की कल्पना है।

समाज की धारणा का विचार करने वाला, समाज की धारणा तथा सुव्यवस्था पर आंच न आए ऐसा गुणोत्कर्ष रखने वाला; समाज में विकृति उत्पन्न न हो, इस मात्र में अर्थोपार्जन, कामोपभोग और फिर संयमित एवं एकाग्र अंत:करण से अपने मनोनुकूल किसी भी प्रकार की उपासना पद्धति या संप्रदाय का अवलंबन कर, ईश्वर की किसी भी मूर्ति की उपासना द्वारा चतुर्थ और अंतिम लक्ष्यरूप पुरुषार्थ को प्राप्त करने का प्रयत्न करने वाला ही परिपूर्ण मानव है।"

•••

अध्याय–13

प्रेरक विचार

गुरुजी की विद्वता के विषय में कुछ लिखना सूर्य को दीपक दिखाने के समान होगा। इतने विद्वान पुरुष के विचार भी उतने ही उच्च थे। उनके विचार लोगों के लिए तब भी प्रेरणादायक थे और आज भी। उनके प्रेरणादायक कुछ प्रमुख विचार–

1. प्रत्येक नागरिक की जीवनविषयक प्राथमिक आवश्यकताओं को पूर्ण करना ही होगा।

2. समष्टि रूप में परमात्मा की उत्तम–से–उत्तम सेवा करते बने, इसके लिए भौतिक समृद्धि प्राप्त करनी होती है। संपत्ति का कम से कम अंश अपने लिए उपयोग में लाना होता है। यह अंश इतना ही हो, कि जिसे लेने से इंकार करने पर सेवा करने की अपनी क्षमता ही खंडित हो जाएगी। उससे अधिक पर अधिकार बताना या व्यक्तिगत उपयोग के लिए उसको प्रयुक्त करना समाज के विरुद्ध चोरी करने जैसा अपराध है।

   यावत् भ्रियेत् जठरं तावत् स्वत्वं हि देहिनाम्।
   अधिकं योऽभिमन्येत स स्तेनो दंडमर्हति।।

3. इस प्रकार हम समाज के केवल न्यासी हैं। हम सच्चे न्यासी बनें, तभी समाज की उत्कृष्ट सेवा कर सकेंगे।

4. अतएव, व्यावहारिक सम्पत्ति जोड़ने की भी कुछ अधिकतम सीमा

होनी चाहिए। व्यक्तिगत लाभ के लिए दूसरों के श्रम का गलत उपयोग करने का अधिकार किसी को नहीं।

5. लाखों लोग भूख से पीड़ित हों, तब अभद्र तड़क-भड़क और व्यर्थ का व्यय करना पाप है। समस्त भोगों पर न्यायोचित निर्बंध होने चाहिए।

6. 'अधिक से अधिक उत्पादन और न्यायोचित वितरण' हमारा उद्देश्य होना चाहिए। राष्ट्रीय स्वावलंबन हमारा त्वरित लक्ष्य हो।

7. बेकारी एवं अर्ध-बेकारी की समस्याओं के विरुद्ध उपाय युद्धस्तर पर किए जाएं।

8. औद्योगीकरण अपरिहार्य हो, तब भी पश्चिमी लोगों का अंधानुकरण करने की कोई आवश्यकता नहीं। प्रकृति का दोहन करना होता है, उस पर बलात्कार करना नहीं होता। पर्यावरण विषयक बातों, प्रकृति के संतुलन तथा भावी पीढ़ियों की आवश्कताओं का आकलन करना चाहिए। पर्यावरणशास्त्र, अर्थशास्त्र तथा नीतिशास्त्र का समग्र विचार आवश्यक है, टुकड़ों में नहीं।

9. पूंजीप्रधान उद्योगों की अपेक्षा श्रम-प्रधान उद्योगों पर अधिक बल दिया जाए।

10. हमारे तंत्र-विशारदों को व्यावसायिक लोगों के लाभ के लिए परंपरागत प्रविधियों (तकनीकों) में सहज सम्भव परिवर्तन करने चाहिए। दृष्टि यह हो कि कामगारों में बेकारी बढ़ने का खतरा न रहे; आज के उत्पादन के साधन विपूंजीकृत होकर पूर्णतः निरुपयोगी न बनें; तंत्र-विशारद अपना स्वदेशी तंत्रज्ञान विकसित करें; उसमें उत्पादन-प्रक्रिया के विकेंद्रीकरण पर बल दिया जाए; इसके लिए विद्युत की शक्ति की सहायता लेते हुए कारखानों के स्थान पर घर को ही उत्पादन का केन्द्र बनाने का प्रयत्न हो।

11. सेवायोजन (रोजगार) की वृद्धि के साथ ही कार्यक्षमता को भी बढ़ाना चाहिए।

12. प्रत्येक उद्योग में श्रम भी पूंजी का एक प्रकार होता है। प्रत्येक कामगार के श्रम का मूल्य पूंजी के अंश (शेयर) के रूप में आंका जाना चाहिए और श्रम रूपी पूंजी लगाने वाले अंशधारकों की श्रेणी में कामगारों को रखा जाना चाहिए।

13. उपभोक्ताओं का हित राष्ट्रीय हित का निकटतम आर्थिक समतुल्य है। सभी औद्योगिक संबंधों में समाज तीसरा और अधिक महत्वपूर्ण पक्ष होता है। 'सामूहिक सौदेबाजी' की प्रचलित पश्चिमी कल्पना इस भूमिका के साथ सुसंगत नहीं है। उसके स्थान पर दूसरी कोई शब्द-योजना प्रयोग में लानी चाहिए। उदाहरण के लिए, इसे 'राष्ट्रीय प्रतिबद्धता' कहा जा सकता है। कर्मचारी और नियोक्ता दोनों की राष्ट्र के प्रति कुछ वचनबद्धता इसमें से व्यक्त होगी।

14. श्रम के अतिरिक्त मूल्य का स्वामी राष्ट्र है।

15. औद्योगिक स्वामित्व के किसी सांचाबंद प्रकार से बंध जाना आवश्यक नहीं है। निजी उद्योग, राष्ट्रीयकरण, नगरीकरण, नगरपालिकाकरण, लोकतंत्रीकरण, स्वयं-नियोजन (सेल्फ एम्प्लायमेंट), संयुक्त उद्योग, आदि अनेक प्रकार हैं। प्रत्येक व्यवसायी को अपने उद्योग की प्रकृति और राष्ट्रीय अर्थ-व्यवस्था की आवश्यकताओं को ध्यान में लेकर उसके स्वामित्व का प्रकार निर्धारित करना होगा।

16. धर्म के मूलभूत सिद्धांतों से सुसंगत कोई भी आर्थिक-सामाजिक रचना का निर्माण करने की छूट हमें है।

17. किंतु प्रत्येक नागरिक की मनोरचना सुयोग्य ढंग से न की गई हो, तो समाज की बाह्य रचना में ऊपरी परिवर्तन करने से कुछ होने वाला नहीं। किसी पद्धति पर चलने वाले लोग जैसे भले या बुरे होंगे वैसी ही वह पद्धति भली या बुरी बन जाएगी।

18. हमारी धारणा सदैव यही रहती आयी है कि व्यक्ति और समाज के संबंध संघर्ष के न होकर सुसंवादी एवं सहयोग के हैं। एक ही सत् तत्त्व सभी व्यक्तियों में व्याप्त है। यह बोध इस धारणा

का आधार है। प्रत्येक व्यक्ति समग्र सामाजिक व्यक्तित्व का एक सजीव अवयव होता है।

19. संपूर्ण प्रकृति के साथ तादात्म्य के संस्कारों से किसी भी सामाजिक-आर्थिक रचना की सच्ची सामाजिक पूर्व-सिद्धता होती है।

20. लोग कभी-कभी पूछते हैं, हिन्दू संस्कृति की आपकी परिभाषा क्या है? उत्तर इतना ही है कि यद्यपि कोई परिभाषा नहीं की जा सकती है, हम लोग उसे अनुभव करते हैं। संस्कृति की परिभाषा नहीं की जा सकती इसलिए उसे अस्वीकार करने वाले अनेक लोग हैं। वे कहते हैं, 'ऐसी बात का क्या उपयोग जिसकी परिभाषा करना ही असम्भव हो।' किंतु क्या यह युक्तिवाद तर्कसंगत है? उदाहरणार्थ, प्राण बचाने के लिए सभी चिकित्सा-विज्ञानों का विकास हुआ है किन्तु बिल्कुल आधुनिक शास्त्रों से भी 'प्राण' की परिभाषा करते नहीं बनी है। किंतु चिकित्सा शास्त्रों की उपादेयता में इसके कारण कोई बाह्य आविष्कार एवं उसके मन पर होने वाले परिणाम उसके प्रत्यक्ष अस्तित्व का विश्वास दिलाने के लिए पर्याप्त हैं।"

21. किसी राष्ट्र के लिए प्रथम अपरिहार्य वस्तु एक भूखंड है जो यथा संभव किन्हीं प्राकृतिक सीमाओं से आबद्ध हो तथा एक राष्ट्र के रहने और बुद्धि एवं समृद्धि के लिए आधार रूप में काम दे। द्वितीय आवश्यकता है उस विशिष्ट भूप्रदेश में रहने वाला समाज जो उसके प्रति मातृभूमि के रूप में प्रेम एवं पूज्य भाव विकसित करता है तथा अपने पोषण, सुरक्षा के रूप में प्रेम एवं पूज्य भाव विकसित करता है तथा अपने पोषण, सुरक्षा और समृद्धि के स्थान के रूप में उसे ग्रहण करता है। संक्षेप में, वह समाज उस भूमि के पुत्र रूप में स्वयं को अनुभव करे।

22. वह समाज केवल मनुष्यों का एक समुच्चय ही नहीं होना चाहिए। विजातीय व्यक्तियों का किसी स्थान पर एकत्रीकरण मात्र नहीं होना चाहिए। उनके जीवन की एक विशिष्ट पद्धति बनी होनी चाहिए, जिसे जीवन के आदर्श, संस्कृति, अनुभूतियों, भावनाओं, विश्वास एवं

परंपराओं के सम्मिलन द्वारा एक स्वरूप दिया गया हो। इस प्रकार जब समाज समान परंपराओं एवं महत्त्वाकांक्षाओं से युक्त, अतीत जीवन की सुख-दुःख की समान स्मृतियों और शत्रु-मित्रों की समान अनुभूतियों वाला तथा जिनके सभी हित संबंधित होकर एकरूप हो गए हैं, इस सुव्यवस्थित रूप में संगठित हो जाता है तब इस प्रकार के लोग उस विशिष्ट प्रदेश में पुत्र के रूप में निवास करते हुए एक राष्ट्र कहे जाते हैं।

23. पृथ्वी पर किसी भी राष्ट्र का जीवन पूर्ण रूप से स्वतंत्र नहीं है और न ही रहता है। एक राष्ट्र का दूसरे राष्ट्र से संबंध होता रहता है, उनमें परस्पर अनेक प्रकार का आदान-प्रदान होता रहता है। समय-समय पर जो स्थितियां निर्मित होती रहती हैं, उनमें अपना संबंध कैसा रहेगा, इस हेतु पर समुचित विचार करना अत्यंत आवश्यक है।

24. एक बार गुरुजी की भेंट तत्कालीन शिक्षा मंत्री श्री मोहम्मद करीम छागला से दिल्ली में हुई। श्री छागला ने अपने रूस प्रवास के विषय में वार्तालाप करते हुए रूस के युवकों के विषय में कहा कि वे लोग प्रत्येक क्षेत्र में अपनी सर्वश्रेष्ठता सिद्ध करने की महत्त्वाकांक्षा से अनुप्राणित और अध्ययन के प्रति गंभीर दिखाई देते हैं। आगे उन्होंने प्रश्न किया—"मुझे समझ में नहीं आता कि हमारे यहां युवकों में क्या कमी है? क्यों वे हड़ताल, अनुशासनहीनता व उपद्रवों में संलग्न रहते हैं? परंतु मैं अनुभव करता हूं कि आपके संगठन में युवक अनुशासित एवं समर्पित हैं, तो क्या आप हमारे नवयुवकों की समस्या का कोई निदान प्रस्तुत कर सकते हैं?" यह सुनकर उत्तर देने से पूर्व गुरुजी ने उनसे प्रश्न किया—"आपका कथन ठीक है, किन्तु क्या आपने विद्यार्थियों के समक्ष कोई महान आदर्श प्रस्तुत किया है?" यह सुन छागला जी ने कहा—"मुझे स्वीकार कर लेना चाहिए कि नहीं किया है।" अब श्री गुरुजी ने प्रत्युत्तर दिया—"प्रेरणास्पद उत्तम आदर्श के अभाव में हम छात्रों से यह अपेक्षा कैसे कर सकते हैं कि वे जीवन के मूल्यों के प्रति समर्पण तथा अनुशासन को आत्मसात कर लें।

यही ऐसा उच्चादर्शवाद है, जिससे प्रेरित होकर वे अपने उग्र आवेग को संयमित कर अपनी उफनती ऊर्जा को राष्ट्र निर्माण की रचनात्मक दिशा में मोड़ सकते हैं। इस राष्ट्रीय आदर्शवाद को हृदयंगम करने का कार्य विद्यालयों में हमारे सत्य इतिहास के पाठन से प्रारंभ होगा। यदि आप हिंदुओं की अतीतकालीन उपलब्धियों का आक्रांताओं के विरुद्ध संघर्ष में उनके आत्मबलिदान, उत्साह और वीरता का उल्लेख ओजस्वी रूप में करेंगे, फिर आक्रांता ग्रीक, मुस्लिम अथवा अंग्रेज कोई भी हो; तो आप तुरन्त 'साम्प्रदायिक' घोषित कर दिए जाएंगे। यही है असली अड़चन और समस्या का मूल मर्म।"

25. अपने को गंदगी उठाने को कहा जाए तो गंदगी भी उठानी चाहिए। जो बताया जाए, वही काम करना चाहिए। कार्य के लिए पूर्ण समर्पण होना चाहिए। तभी कार्य करने की पात्रता उत्पन्न होती है। अपने लिए कुछ भी शेष न रहे। मन, शरीर, बुद्धि; सभी कुछ बिक गया, अपना कुछ भी नहीं रहा। इस पूर्ण समर्पण से ही अपने अन्त:करण में छिपे हुए समस्त गुण फूट पड़ते हैं।

26. हिंदू समाज को उसकी वैशिष्टयपूर्ण राष्ट्रीय अस्मिता के आधार पर फिर से संगठित करने का कार्य राष्ट्रीय स्वयंसेवक संघ ने हाथ में लिया है। वह भारत के वास्तविक राष्ट्रीय पुनरुत्थान की प्रक्रिया का एक भाग तो है ही; साथ ही विश्व की एकता और समस्त मानव जाति के कल्याण का स्वप्न साकार करने की प्रक्रिया में भी वह एक अनिवार्य पूर्ण व्यवस्था है। जागतिक एकता के संबंध में हिंदुओं का चिंतन ही विश्व बंधुत्व का स्थायी आधार बन सकता है। यह बोध कि एक ही अंतरात्मा सबमें व्याप्त है; मनुष्य मात्र के सुख के लिए प्रयत्नशील रहने की दिव्य प्रेरणा मनुष्य के अंत:करण में निर्मित कर सकेगा। इस धरती की सभी जीवसृष्टि को अपना परिपूर्ण विकास करने का पूरा एवं मुक्त अवसर भी इस हिंदू-विचार द्वारा ही उपलब्ध हो सकेगा। यह श्रेष्ठ जागतिक कार्य केवल हिंदू समाज ही पूर्ण कर सकेगा।"

27. एक बार एक पत्रकार ने श्री गुरुजी से एक प्रश्न पूछा कि राष्ट्रीय स्वयंसेवक संघ की नीति के चलते हिंदुओं और मुसलमानों के मध्य लंबी चौड़ी खाई बन गई है। क्या आप ऐसा मानते हैं? गुरुजी ने प्रत्युत्तर देते हुए स्वयं का एक अनुभव सुनाया—एक बार की बात है, नागपुर के ही मुस्लिम लीग के एक कार्यकर्ता के साथ मैं रेल में सफर कर रहा था। कार्यकर्ता के एक मित्र ने उनसे कहा—"नवाब साहब, क्या आप इन्हें पहचानते नहीं?" नवाब साहब ने कहा—"जी हां, मैं इन्हें पहचानता हूं। ये संघ वाले हैं, सच्चे आदमी हैं, शूर हैं, इनके साथ हमारी दोस्ती पक्की हो सकती है।" यह सुनकर मैंने कहा—"आपने एकदम सही फरमाया है। हम दोस्त बन सकते हैं, भाई बन सकते हैं और देश के उत्थान में सहयोगी भी। किंतु जो लोग आप का तुष्टीकरण करके आपके दिमाग को बिगाड़ते हैं, वे ही आपके सच्चे शत्रु हैं।" यह वाकया सुना कर गुरुजी ने पत्रकार की जिज्ञासा शांत कर उसके प्रश्न का उत्तर दिया।

•••

अध्याय–14

गुरुजी और भारतीय जनसंघ

नेहरूजी से डॉ. श्यामाप्रसाद मुखर्जी के मतभेद उत्पन्न होने के बाद श्यामाप्रसाद जी को यह अनुभव होने लगा था कि कोई ऐसा राजनीतिक दल होना आवश्यक है जो हिंदुओं का पक्ष ले एवं उनके हितों को ध्यान में रखे। संघ में भी यह विचार रखने वाले कुछ लोग थे। वसंतराव ओक, बलराज मधोक जैसे संघ प्रचारक भी श्यामाप्रसाद जी को एक राजनीतिक दल खड़ा करने के लिए कह रहे थे। राजनीतिक दल खड़ा करने के लिए अत्यधिक उत्सुकता पर गुरुजी ने कहा था—"राजनीति के लिए इतना आकर्षण अच्छा नहीं।"

पूर्वी बंगाल में हिंदुओं की दुर्दशा आदि पर गुरुजी भी विचलित थे और उनसे श्यामाप्रसाद जी ने भी भेंट की थी। हिंदुओं के हितों को ध्यान में रख गुरुजी ने श्यामाप्रसाद जी को आश्वस्त किया कि संघ राजनीतिक दल खड़ा करने में उनकी सहायता करेगा। लेकिन संघ प्रत्यक्ष राजनीति में लिप्त नहीं होगा। राजनीतिक दल को हिंदू राष्ट्रभाव को स्वीकार करना होगा।

जब संघ पर प्रतिबंध लगाया गया था तब बहुत–से कार्यकर्ताओं को बिना कारण जेल में बंद कर दिया गया था। तब संघ की ओर से कोई भी राजनीतिक दल नहीं था जो कि संघ का पक्ष लेता और न ही किसी राज्य की विधान सभा में और न ही देश की संसद में संघ की ओर से बोलने वाला कोई था। यह बात गुरुजी भली–भांति जानते थे।

अंततः वर्ष 1951 में इस कार्य के लिए जालंधर में एक बैठक आयोजित हुई और एक शाखा का निर्माण हुआ। तत्पश्चात् अन्य राज्यों में शाखाएं बनाई गईं, संघ के प्रचारकों ने अहम भूमिका निभाते हुए इस नए दल का प्रचार-प्रसार किया। कुछ ही समय में पूरे देश में इस दल की नई शाखाएं बन गईं। बंगाल में ख्याति प्राप्त डॉ. श्यामाप्रसाद मुखर्जी ने क्षेत्र संभाला।

गुरुजी ने इस बात का पूर्ण ख्याल रखा था कि राजनीति का संघ के कार्यों पर कोई असर न हो इसलिए उन्होंने संघ को राजनीति में घुलने नहीं दिया। किंतु दल को खड़ा करने के लिए गुरुजी ने संघ के प्रमुख प्रचारकों को इस कार्य के लिए प्रेरित किया। जिसमें बलराज मधोक, लाल कृष्ण आडवाणी, अटल बिहारी वाजपेयी आदि प्रमुख थे। इन सभी में सर्वोपरि नाम था—पंडित दीनदयाल उपाध्याय का जो जनसंघ के अखिल भारतीय महामंत्री नियुक्त किए गए थे।

डॉ. श्यामाप्रसाद मुखर्जी इस नए दल के अध्यक्ष थे। उन्होंने भारतीय जनसंघ के कानपुर में हुए पहले वार्षिक अधिवेशन में कहा था—"हमारा दल सभी नागरिकों को समानता देने के लिए सिद्ध है, फिर भी हिंदू समाज के दृढ़ीकरण की आवश्यकता का प्रतिपादन करने में उसे कतई संकोच नहीं होता। साथ ही गर्व के साथ इस बात को स्वीकार करते हुए कि भारतीय संस्कृति और सभ्यता के भव्य प्रासाद की रचना मुख्यतः हिंदू साधु-संतों और देशभक्तों के परिश्रम, त्याग एवं ज्ञान पर ही की गई है, हमें किसी भी प्रकार की हीन भावना का स्पर्श नहीं होता।"

गुरुजी ने पंडित दीनदयाल उपाध्याय को जनसंघ को खड़ा करने के लिए विशेष जिम्मेदारी सौंपी थी। जो दीनदयाल जी ने बखूबी निभाई। पंडित दीनदयाल उपाध्याय के विषय में डॉ. श्यामाप्रसाद मुखर्जी ने कहा था—"यदि मुझे और दो दीनदयाल मिल जाएं, तो मैं पूरे भारत का चित्र ही बदल दूंगा।"

इस प्रकार भारतीय जनसंघ अस्तित्व में आया। जनसंघ को 1952 के आम चुनाव में कोई विशेष सफलता प्राप्त नहीं हुई। बाद में इसने तेजी से

उन्नति की। किंतु एक दिन अचानक संदिग्ध परिस्थितियों में पं. दीनदयाल जी मुगलसराय स्टेशन के यार्ड में रेलवे लाइन के पास मृत पाए गए और जनसंघ के प्रथम अध्यक्ष डॉ. श्यामाप्रसाद मुखर्जी की भी कश्मीर की रक्षा करते हुए रहस्यमय परिस्थितियों में श्रीनगर में मृत्यु हो गई। पंडित दीनदयाल उपाध्याय तथा डॉ. श्यामाप्रसाद मुखर्जी की मृत्यु का रहस्य अभी तक उजागर नहीं हो पाया है।

गुरुजी ने संघ को राजनीति से सर्वदा अलिप्त रखा लेकिन भारतीय जनसंघ को खड़ा करने के लिए संघ के योग्य कार्यकर्त्ता देकर महत्वपूर्ण भूमिका अवश्य निभाई।

इस प्रकार, समग्र रूप से गुरुजी एक महापुरुष थे। दूर से देखने वाले लोग उनके बारे में गलत धारणाएं बना लेते थे। वे सांप्रदायिक नहीं थे, वे मुस्लिम विरोधी भीं नहीं थे। वे तो समान अधिकारों और धार्मिक स्वतंत्रता के प्रबल पक्षधर थे। वे समाज को सर्वोपरि मानते थे इसलिए उन्होंने समाज की उन्नति के लिए अपना तन-मन-धन सब कुछ अर्पित कर दिया था।

•••

अध्याय 15

परिशिष्ट

राष्ट्रीय स्वयंसेवक संघ : संक्षिप्त परिचय–

राष्ट्रीय स्वयंसेवक संघ की स्थापना डॉ. केशवराव बलिराम हेडगेवार ने की। राष्ट्रीय स्वयंसेवक संघ आज देश का ही नहीं अपितु विश्व का सबसे बड़ा सामाजिक-सांस्कृतिक संगठन है। परंतु, जो लोग अभी उसके प्रत्यक्ष या परोक्ष संपर्क में नहीं आए हैं उन्हें उसके बारे में वास्तविक जानकारी अधिक नहीं है। उलटे, अनेक लोगों के मन में भी संघ के बारे में भ्रम फैले हुए हैं। इसके दो कारण हैं—एक तो संघ की कार्य-पद्धति बृहत् प्रचार और जनान्दोलन की न होकर व्यक्ति-व्यक्ति को, एक-एक करके, व्यक्तिगत संपर्क और मित्रता के द्वारा होने वाली सहज-स्वाभाविक जानकारी के साथ संगठन से जोड़ने की रही है जिससे संगठन से जुड़ने या उसके संपर्क में आने वाले व्यक्ति ही उसे भली-भांति जान पाते थे। दूसरे, संघ के सदस्यों की निरंतर बढ़ती विशाल संख्या को देखकर उसकी शक्ति को अपने लिए संभावित संकट मानने वाले राजनीतिज्ञ जान-बूझकर उसके बारे में अनेक असत्य बातें गढ़कर विरोध-अभियान चलाते रहे। ऋषि-मुनियों को भी बड़ी तपस्या करते देख इंद्र को जैसे अपना इंद्रासन चले जाने का भय होता था, वैसी ही पृथ्वी के राजसत्ताधारियों की भी गति रही है। इस प्रकार स्वयंसेवक संघ द्वारा अपने बारे में चिल्ला-चिल्लाकर प्रचार न किए जाने और मिथ्या आशंका से ग्रस्त होकर विरोधी बने राजनीतिक लोगों द्वारा उसके विरुद्ध दुष्प्रचार अभियान चलते रहने से अपरिचय, अल्प परिचय या भ्रम की ऐसी स्थिति बनी जिसमें जनसामान्य को वास्तविकता का पता नहीं

चल पाता था जब वे इस संगठन को निकट से देखते अथवा इसके संपर्क में आते थे।

शाखा और स्वयंसेवक-

संघ-कार्य की इकाई उसकी शाखा अर्थात् दैनिक मिलन का कार्यक्रम है। संघ की गतिविधियों में निष्ठापूर्वक भाग लेने वाला हर सदस्य स्वयंसेवक कहलाता है। स्वयंसेवक से यह अपेक्षा की जाती है कि वह अपनी सामान्य दिनचर्या में से प्रतिदिन कम-से-कम एक घंटा संघ-शाखा में जाने के लिए निकाले। शाखा नित्य नियम से एक नियत स्थान पर, जिसे संघ-स्थान कहते हैं, पर लगाई जाती है। वहां कोई बहुत असामान्य गतिविधि नहीं होती। किसी मैदान या अन्य सुविधाजनक स्थान पर प्रतिदिन प्रातःकाल या सायंकाल (परिस्थिति को देखते हुए कहीं रात्रि में भी) आस-पास के स्वयंसेवक एकत्रित होते हैं, भगवा ध्वज का आरोहण कर उसका वंदन और फिर कुछ व्यायाम या शारीरिक प्रशिक्षण, खेल, राष्ट्र या समाज से संबंधित कोई चर्चा, प्रश्नोत्तर अथवा देशभक्ति-गीत का सस्वर गायन इत्यादि सहज भाव से लेकिन अनुशासनपूर्वक संपन्न होते हैं और अंत में मातृभूमि तथा ईश्वर की वंदना करते हुए प्रार्थना करके शाखा का विसर्जन होता है। राष्ट्र के कार्य में सहभागी बनने के लिए यह न्यूनतम है जिसकी स्वयंसेवक से अपेक्षा की जाती है।

यहां खेल-खेल में और सहज चर्चाओं में ही संगठन, अनुशासन और देशभक्ति के पाठ तो स्वयंसेवक सहजता से सीख ही जाता है, साथ ही आदर्श नागरिक के जो संस्कार उसके मन पर पड़ते हैं उनसे उसका मनोबौद्धिक स्तर भी उन्नत, परिष्कृत और उदात्त बनता चला जाता है। स्वदेश के लिए मातृभूमि (माता) का भाव और साथी स्वयंसेवकों के प्रति बंधुभाव एवं प्रेम उसके हृदय में अंकुरित होता है। उनके तथा उनके परिवारों के सुख-दुःख में सहभागी होने, समूचे संगठन और पूरे राष्ट्रीय समाज को अपना बड़ा परिवार अनुभव करने तथा अपने राष्ट्र पर सबकुछ न्यौछावर कर देने के लिए तत्पर रहने का जो स्वभाव उसमें इस विशिष्ट संगति के परिणामस्वरूप विकसित होता है, उससे वह मानो एक नया ही व्यक्ति बनकर उभरता है।

उसके जीवन को एक उच्च ध्येय प्राप्त हो जाता है। यही संघ द्वारा व्यक्ति-निर्माण अथवा चरित्र-निर्माण की प्रक्रिया है।

स्वयंसेवकों में स्वावलंबी स्वभाव निर्मित करने और समानता का भाव जगाने के लिए उन्हें अपना काम स्वयं करने की आदत डाली जाती है। शिविरों या शिक्षा-वर्गों में वे भोजन बनाने और परोसने जैसे कार्यों में बारी-बारी से हाथ बंटाते हैं तथा अपने जूठे बर्तन स्वयं मांजते हैं। इससे सामूहिक रूप से कार्य करने का अभ्यास तो पड़ता ही है, समय पड़ने पर स्वयंसेवक किसी भी काम से भागते नहीं हैं और न ही मिथ्या बड़प्पन दिखाते हैं।

धनवान हो या निर्धन, उच्चाधिकारी हो या जन-साधारण, स्वयंसेवकों का प्रेमपूर्वक एक ही पंक्ति में बैठकर भोजन करना संघ में नित्य-व्यवहार की सामान्य बात है। जाति या वर्ण के भेद की तो यहां किसी के मन में कल्पना तक नहीं आती। यही देखकर महात्मा गांधी ने उद्‌गार व्यक्त किया था—"मैं जो करना चाहता था वह संघ ने चुपचाप कर दिखाया है।" डॉ. भीमराव अंबेडकर भी इसी कारण संघ की ओर आशा भरी दृष्टि से देखते थे।

समाज-सेवा के कार्यों में संघ-स्वयंसेवक सदैव अग्रणी रहे हैं, परंतु इससे यदि किन्हीं राजनीतिक दलों के नेताओं को कभी यह भ्रम हो गया कि ये उनके सभा-सम्मेलनों में दरी या मेज-कुर्सी बिछाने के लिए उनके 'वालंटियर' बन सकते हैं तो उन्हें निराशा ही हाथ लगी। डॉक्टर हेडगेवार ऐसी मांग करने वाले नेताओं को स्पष्ट शब्दों में 'नहीं' कह देते थे। इस प्रकार संघ-स्वयंसेवकत्व को उन्होंने आरंभ से ही राष्ट्रीय कार्य की गरिमा प्रदान की।

संघ-प्रवेश–

जैसे शाखा की कार्य-पद्धति सरल है, वैसे ही स्वयंसेवक बनना भी बहुत सरल है। संघ में प्रवेश के लिए सदस्यता की कोई जटिल प्रक्रिया नहीं है। यदि आप भारत को अपनी मातृभूमि, पितृभूमि और पुण्यभूमि मानते हैं तथा भारतीय संस्कृति में आस्था रखते हैं तो शाखा के समय निःसंकोच संघ-स्थान पर (जहां शाखा लगती है) चले जाइए और वहां के अनुशासन

एवं निर्देशों का पालन करते हुए शाखा के कार्यक्रमों में भाग लीजिए। इसमें कोई बाधा नहीं है।

कार्यकर्ता–

प्रतिदिन एक घंटा राष्ट्र-कार्य के लिए देने की आवश्यकता न्यूनतम है, संपूर्ण नहीं। वांछनीय तो यह है कि धीरे-धीरे जीवन-पद्धति की संगठनमयी बनती चली जाए। समाज-संगठन कोई तदर्थ कार्य नहीं है कि कुछ दिन जैसे-तैसे चला लिया। यदि संसार में अजेय राष्ट्र बनकर जीना है तो हमें संगठित रहने का स्वभाव ही बना लेना पड़ेगा।

राष्ट्रीय स्वयंसेवक संघ अन्य बहुत-से संगठनों की भांति समाज के अंदर का एक संगठन मात्र नहीं है क्योंकि संघ का उद्देश्य संपूर्ण समाज को संगठित करना है, समाज के अंदर एक और संगठन बनाना नहीं। अब इतना बड़ा कार्य तभी पूरा हो सकता है जब उसे जीवन-कार्य के रूप में लिया जाए। संघ-कार्य इतना आगे बढ़ सका है तो इसलिए कि उसमें पूरी शक्ति से अधिकतम और अन्य दायित्वों का भी निर्वाह करते हुए यथासंभव अधिक कार्य करने वाले कार्यकर्ताओं की कमी नहीं रही है। यह परंपरा संघ-संस्थापक डॉ. हेडगेवार ने ही स्थापित कर दी थी जिन्होंने अपने शरीर का कण-कण और जीवन का क्षण-क्षण संघ-कार्य में होम कर दिया। यही कारण है कि उनके पारस-स्पर्श से उन्हीं की अनुकृति-समान बने कार्यकताओं के अथक परिश्रम से उनका स्वप्न साकार होने की ओर निरंतर आगे बढ़ता रहा है और आज उसका प्रभाव राष्ट्र-जीवन के प्रत्येक क्षेत्र में दृष्टिगोचर हो रहा है।

प्रशिक्षण–

शाखा में व्यायाम, खेल, योगासन, लाठीचालन, पथ-संचलन इत्यादि विविध प्रकार के शारीरिक प्रशिक्षण और चर्चा, प्रश्नोत्तर इत्यादि के माध्यम से बौद्धिक प्रशिक्षण तो स्वयंसेवकों को प्राप्त होता ही है, कुछ अधिक दक्षता के लिए तीन दिन से लेकर अधिकतम एक सप्ताह तक के प्राथमिक शिक्षा वर्ग भी लगाए जाते हैं। किंतु सघन प्रशिक्षण द्वारा विशेष

प्रशिक्षित कार्यकर्ता तैयार करने के लिए प्रतिवर्ष ग्रीष्म ऋतु में लगभग एक माह की अवधि (अब घटाकर 20 दिन) के संघ-शिक्षा-वर्ग आयोजित किए जाते हैं जिनमें शिक्षार्थियों को उस पूरी अवधि में वहीं रहना होता है।

प्रशिक्षणोपरांत शारीरिक और बौद्धिक—दोनों प्रकार की परीक्षाएं भी ली जाती हैं। उत्तरोतर प्रथम वर्ष, द्वितीय वर्ष और तृतीय वर्ष का प्रशिक्षण सफलतापूर्वक पूरा कर लेने पर कार्यकर्ता पूर्ण प्रशिक्षित माना जाता है। तृतीय वर्ष शिक्षित कार्यकर्ता शिक्षा-वर्गों में शिक्षक का कार्य भी करते हैं।

संगठन तंत्र–

राष्ट्रीय स्वयंसेवक संघ का संगठन तंत्र त्रिवेणी में गुंथा हुआ है, जिसमें एक धारा शाखा-कार्यवाह और मुख्य शिक्षक से प्रारंभ करके उत्तरोत्तर कार्यवाहों की है, दूसरी प्रचारकों की तथा तीसरी संघचालकों की, लेकिन शीर्ष पर सभी का त्रिवेणी-संगम हो जाता है।

भगवा ध्वज और गुरु दक्षिणा–

यज्ञ-वेदी की अग्नि-ज्वाला के रंग का भगवा ध्वज अर्पण (आहुति देने) अर्थात् त्याग का प्रतीक है। इसी कारण यह युग-युगांतर से भारतीय संस्कृति के उच्च आदर्शों का प्रतीक रहा है। भगवा ध्वज की इस महत्ता को देखते हुए संघ में उसे गुरु का स्थान दिया गया है और प्रतिवर्ष व्यास-पूर्णिमा के दिन उसकी पूजा की जाती है। उस दिन स्वयंसेवक श्रद्धापूर्वक अपनी भेंट ध्वज के आगे अर्पित करते हैं। इसे गुरु-दक्षिणा कहा जाता है।

राष्ट्र-जीवन में संघ की भूमिका–

राष्ट्रीय स्वयंसेवक संघ की दैनिक गतिविधियों से समाज में संगठन, एकता, प्रेम, बंधुभाव, देशभक्ति, अनुशासन और समरसता का संचार तो हुआ ही है, इसके साथ-साथ बालों, किशोरों और तरुणों के व्यक्तिगत जीवन में उन्नत

चरित्र के संस्कारों का बीजारोपण एवं अंकुरण-पल्लवन भी हुआ है। किंतु यह सब तो संघ-कार्य का समाज पर पड़ने वाला सहज प्रभाव अथवा नित्य परिणाम है। इसके अतिरिक्त भी संघ की स्थापना के एक-दो वर्ष बाद से भी उसके स्वयंसेवकों ने समाज-जीवन में ऊर्ध्वगामी परिवर्तन की कुछ नैमित्तिक अर्थात् अवसर विशेष पर प्रकट होने वाली भूमिकाएं भी निभानी प्रारंभ कर दीं जिनमें से कुछ का उल्लेख दृष्टांतस्वरूप यहां करना समीचीन होगा।

स्वतंत्रता आंदोलन में योगदान–

संगठन के रूप में तो संघ कोई भी आंदोलन करता नहीं था (आगे चलकर केवल प्रतिबंध के समय ही इसका अपवाद हुआ), किंतु व्यक्तिगत रूप से डॉ. केशराव हेडगेवार सहित बहुत-से संघ-स्वयंसेवकों ने गांधी जी द्वारा चलाए गए स्वातंत्र्य आंदोलनों में सदैव सहयोग किया। संघ-स्थापना के बाद 1931-32 के सविनय अवज्ञा आंदोलन में डॉक्टर हेडगेवार सहित अनेक स्वयंसेवक सत्याग्रह करके कारावास में भी रहे। 1942 के 'भारत छोड़ो' आंदोलन में भी न केवल स्वयंसेवक सम्मिलित हुए अपितु विभिन्न विचारधाराओं के लोग जैसे श्री साने गुरुजी, जयप्रकाश नारायण, अरुणा आसफ अली इत्यादि जैसे अनेक बड़े-बड़े भूमिगत नेताओं के गुप्तवास की व्यवस्था भी संघ के अधिकारियों ने की।

देश-विभाजन के समय राष्ट्र-बांधवों की रक्षा–

1947 में भारत माता का अंग-भंग करके पाकिस्तान बनाने की दुष्प्रक्रिया और मुस्लिम लीग द्वारा नियोजित नर-संहार के समय पाकिस्तान में पड़ने वाले पंजाब, सिंध आदि प्रांतों में जहां संघ का कार्य प्रभावशाली था, स्वयंसेवकों ने अपने प्राणों की बाजी लगाकर, वहां फंसे बंधुओं को स्त्रियों और बच्चों सहित उस भयानक मार-काट और दुराचार के बीच से यथासंभव सुरक्षित निकाल लाने और भारत पहुंचाने का कार्य दिन-रात किया। उस प्रचंड प्रयास में अनेक स्वयंसेवकों को वीरगति प्राप्त हुई, किंतु

वे अपने कर्तव्य से पीछे नहीं हटे। पूर्वी बंगाल में संघ का प्रभावी संगठन होने के कारण ही वहां आततायियों को पूरे उन्मादपूर्वक खेलने का अवसर मिला। विभाजन के पश्चात् भारत आए विस्थापितों की सेवा-सहायता भी स्वयंसेवकों ने सामर्थ्य भर और मनोयोग से की।

कश्मीर की रक्षा में योगदान–

1947 में देश की स्वतंत्रता और निंदनीय विभाजन के समय पाकिस्तानी दबाव के कारण असमंजस में पड़े कश्मीर-नरेश को दुविधा त्यागकर भारत में विलय के लिए प्रेरित करने का संघ-कार्यकर्ताओं ने पूरा प्रयास किया और पाकिस्तान-समर्थकों द्वारा जम्मू-कश्मीर के कुछ भागों में लगाए गए पाकिस्तानी झंडे उतारे तथा भारतीय तिरंगे फहराकर लोगों का मनोबल बनाए रखा। आक्रमण की पाकिस्तानी योजना की गुप्त सूचना भी प्राप्त करके जम्मू-कश्मीर के सेना-प्रमुख को दी।

कबाइली वेश में पाकिस्तानी आक्रमण के आसन्न संकट के समय तत्कालीन सरसंघचालक श्री माधवराव सदाशिव गोलवलकर (गुरुजी) जी ने ही 17 अक्टूबर को श्रीनगर पहुंचकर महाराजा हरिसिंह को भारत के साथ विलय-पत्र पर हस्ताक्षर करने के लिए मानसिक रूप से तैयार किया। 19 अक्टूबर को नई दिल्ली लौटकर उन्होंने सरदार पटेल को महाराजा की स्वीकृति की सूचना दी।

27 अक्टूबर को भारत में विलय की प्रक्रिया पूरी हो जाने के पश्चात् भारतीय सेनाओं को बड़े वायुयानों से श्रीनगर वायुपत्तन पर उतारने के लिए हिमपात से ढकी और ऊबड़-खाबड़ पड़ी उड़ान-पट्टी को तुरंत सुधारना आवश्यक था। तब संघ के 200 स्वयंसेवकों ने दिन-रात पारियों में काम करके दो दिन में वह कठिन कार्य पूरा कर दिखाया और 29 अक्टूबर को सेना का प्रथम जत्था वहां उतरकर कश्मीर को मुक्त कराने में जुट गया। उस समय पाकिस्तानी सेना उस वायुपत्तन से कुछ ही दूर रह गई थी।

यही नहीं, प्रत्यक्ष युद्ध के बीच भी स्वयंसेवक सेना की सहायता में जुटे रहे। उदाहरणार्थ कोटली में वायुसेना द्वारा गिराई गई गोला-बारूद की

20 पेटियां एक ढलान से नीचे ऐसे स्थान पर जा गिरीं जो शत्रु सैनिकों की मार के अंतर्गत था। वहां जाना मृत्यु को निमंत्रण देना था और इधर हमारी सैनिक टुकड़ी का गोला-बारूद समाप्त हो गया था। ऐसे में स्वयंसेवक प्राण हथेली पर रखकर उनमें से 17 पेटियां उठा लाने में सफल हो गए, यद्यपि उस कार्य में 6 स्वयंसेवकों को प्राणों की आहुति देनी पड़ी। यह तो केवल एक उदाहरण है, संघ-स्वयंसेवकों के शौर्य की ऐसी कितनी ही गाथाएं हैं।

एक सेनाधिकारी ने श्री गुरुजी (गोलवलकर जी) से पूछा कि आप नियमित सैनिकों से भी दुर्लभ, ऐसा जीवट स्वयंसेवकों में कैसे उत्पन्न कर देते हैं? तो श्री गुरुजी का उत्तर था कि हम तो उनको केवल कबड्डी खेलने के लिए कहते हैं और खेल-खेल में ही शाखा के संस्कारप्रद वातावरण में देशभक्ति, अनुशासन, संगठन, त्याग और सच्चरित्रता के संस्कार उनमें अपने-आप आ जाते हैं।

दादरा, नगर हवेली की मुक्ति और गोवा सत्याग्रह–

शेष भारत के स्वतंत्र हो जाने पर भी गोवा, दमन, दीव और दादरा-नगर हवेली पर पुर्तगाली आधिपत्य बना रह गया था। 2 अगस्त, 1954 के दिन केवल 100 संघ-स्वयंसेवकों ने अकस्मात् कार्यवाही करके दादरा और नगर हवेली की बस्तियों को मुक्त करा लिया तथा केंद्र-सरकार को सौंप दिया। गोवा के स्वातंत्र्य-संघर्ष में भी संघ और जनसंघ के कार्यकर्ताओं ने बढ़-चढ़कर भाग लिया जिनमें से कुछ ने प्राण न्योछावर किए तो कुछ ने विदेशी पुलिस की यातनाएं सहीं या लिस्बन (पुर्तगाल) के कारागार में दीर्घ कारावास भोगा।

चीन के साथ युद्ध के समय–

1962 के चीनी आक्रमण के समय राष्ट्रीय स्वयंसेवक संघ ने देश की सरकार के साथ पूर्ण सहकार और एकजुटता रखकर उसके बाह्य और आंतरिक सुरक्षा-प्रयासों को पूरा सहयोग एवं समर्थन प्रदान किया। वैचारिक कारणों से चीन की सरकार से सहानुभूति रखने वाले किसी प्रकार की

तोड़-फोड़ या गड़बड़ न कर दें, इसकी सतर्कता विशेषत: श्रमिक क्षेत्र से जुड़े स्वयंसेवकों ने रखी। स्वयंसेवकों ने जनता का मनोबल ऊंचा उठाते हुए सेना के लिए जन-समर्थन जुटाया।

संकटकाल में संघ का यह व्यवहार देखकर पं. जवाहर लाल नेहरू जैसे परंपरागत संघ-विरोधी का भी हृदय इतना परिवर्तित हो उठा कि उन्होंने 26 जनवरी, 1963 की गणतंत्र-दिवस परेड में भाग लेने के लिए संघ को आमंत्रित किया जिसमें सहस्राधिक स्वयंसेवकों ने पूर्ण गणवेश में पथ-संचलन किया।

पाकिस्तान के साथ युद्ध में भूमिका-

1964 के युद्ध के समय प्रधानमंत्री लाल बहादुर शास्त्री ने श्री गुरुजी को सर्वदलीय बैठक में विचार-विमर्श के लिए आमंत्रित किया और बाद में दिल्ली की पुलिस को अन्य कार्यों से मुक्त करने के उद्देश्य से युद्ध के दिनों में राजधानी की यातायात-व्यवस्था संघ के स्वयंसेवकों को सौंप दी। अग्रिम रणक्षेत्र (मोर्चों) में आग उगलते गोलों की परवाह न करते हुए संघ के स्वयंसेवकों ने युद्धरत सैनिकों तक भोजन और अन्य सामग्री पहुंचाने का कार्य किया। आधी रात के समय दिल्ली संघ-कार्यालय को, आहत सैनिकों के लिए रक्त की कमी की सूचना सैनिक अधिकारियों ने दूरभाष से दी तो प्रात:काल तक 500 स्वयंसेवक रक्तदान करने सैनिक अस्पताल पहुंच गए।

इसी प्रकार 1971 के युद्ध के समय भी संघ ने प्रत्येक क्षेत्र में और विशेषत: राजस्थान, पंजाब, जम्मू-कश्मीर, उत्तर प्रदेश, बिहार तथा बंगाल में अपनी सेवाएं अर्पित कीं तथा अनेक प्रकार की भूमिकाएं निभाईं।

आपातकाल में लोकतंत्र-रक्षा का संघर्ष-

1975 में जब श्रीमती इंदिरा गांधी ने, न्यायालय द्वारा अयोग्य घोषित कर दिए जाने पर पद-त्याग करने के स्थान पर देश में आपात स्थिति लागू कर दी, सहस्रों लोगों को अकारण कारागार में डाल दिया तथा लोकतंत्र का

गला घोंट दिया तो आंदोलनों में भाग न लेने का नियम अपवादस्वरूप छोड़कर संघ—लोकतंत्र-रक्षा के आंदोलन में कूद पड़ा। एक ओर जहां लक्षाधिक स्वयंसेवकों ने सत्याग्रह किया, यातनाएं सहीं और सहस्रों की संख्या में (44,000 से अधिक) कारागार गए, वहीं लगभग 40,000 ने भूमिगत रहकर आंदोलन चलाया और अधिनायकवाद को घुटने टेकने पर विवश कर दिया। श्रीमती गांधी को बाध्य होकर चुनाव की घोषणा करनी पड़ी, जिससे अंतत: सारा परिदृश्य ही बदल गया।

प्राकृतिक आपदाओं में संघ की भूमिका–

मानव-निर्मित विपत्तियों के अतिरिक्त प्राकृतिक आपदाओं या दुर्घटनाओं के समय भी संघ के स्वयंसेवक आपद्ग्रस्त बंधुओं की सहायता करने में सबसे आगे रहते हैं। इनमें बिहार और कर्नाटक का सूखा, आंध्र प्रदेश और तमिलनाडु का समुद्री चक्रवात (तूफान), गुजरात में मच्छू बांध (मोर्वी) टूटने से आई बाढ़ तथा महाराष्ट्र में लातूर और उत्तर प्रदेश में उत्तरकाशी के भूकंपों की त्रासदियां प्रमुख हैं।

1966 में बिहार में पड़े भयंकर सूखे और अकाल के कारण वहां मानव-जीवन और पशुधन के जीवन पर आए भीषण संकट के समय संघ के स्वयंसेवक विपद्ग्रस्तों की सेवा-सहायता में दत्तचित्त होकर जुटे। उन्हें नि:स्वार्थ भाव और सच्ची लगन से सेवा-कार्य में लगे देखकर तभी से श्री जयप्रकाश नारायण के मन में संघ के प्रति विशेष सद्भाव जागा। उससे पूर्व वे भी संघ के बारे में फैलाए गए भ्रम के शिकार थे। बाद में तो विशेषत: आपातकाल और उसके पूर्व एवं पश्चात् संघ-परिवार की संस्थाओं, विद्यार्थी परिषद् और जनसंघ के कार्यकर्ताओं का भी लोकनायक के साथ घनिष्ठ सहकार रहा। 1973 और 1985 में कर्नाटक में पड़े सूखे और अकाल के समय भी स्वयंसेवकों ने विपदा में पड़े बंधुओं की सेवा-सहायता की।

नवंबर 1977 में आंध्र प्रदेश के तटवर्ती क्षेत्रों में भीषण समुद्री चक्रवात से दूर-दूर तक महाविनाश का दृश्य उपस्थित हो गया। उन स्थानों में संघ के

स्वयंसेवक ही सर्वप्रथम पहुंचकर सेवा-सहायता और मृतकों के अंतिम संस्कार में जुटे। बाद में पुनर्निर्माण के कार्य में भी वे सबसे अग्रणी रहे। संघ की उस भूमिका की विरोधियों को भी सराहना करनी पड़ी। उसी समय तमिलनाडु में भी उस चक्रवात से विनाश हुआ था। स्वयंसेवकों ने वहां भी लगन से सेवा-कार्य किए।

1977 और 1979 में राजस्थान में; 1978 में दिल्ली में और 1987 में बंगाल में आई भीषण बाढ़ में भी संघ-स्वयंसेवकों ने समाज की प्रति अपनी कर्त्तव्यपरायणता का उसी प्रकार परिचय दिया।

1979 में गुजरात में मोर्वी के पास बांध टूट जाने से उत्पन्न हुई भीषण त्रासदी के बीच भी जो दुष्कर कार्य और कोई न कर सके, वे संघ-स्वयंसेवकों ने संपन्न किया और नर-सेवा के व्रत को पूरा किया।

भोपाल (म.प्र.) के गैस-पीड़ितों; लातूर (महाराष्ट्र) और उत्तरकाशी (उ.प्र.) के भूकम्प-पीड़ितों की सेवा-सहायता में भी स्वयंसेवक सदा की भांति अग्रणी रहे।

इनके अतिरिक्त भी यदि कहीं वायुयान अथवा रेलगाड़ी की दुर्घटना हो जाती है या अन्य किसी भी प्रकार की आपदा आ पड़ती है तो निकटवर्ती स्थानों के स्वयंसेवक अपने अधिकारियों के आदेशों की प्रतीक्षा में बैठे न रहकर, संघ से प्राप्त संस्कारों के कारण सहज प्रेरणा से ही तुरंत सहायता करने चल पड़ते हैं और टोली बनाकर सेवा-कार्य में जुट जाते हैं।

जन-आंदोलन–

आंदोलनकारी कार्य-पद्धति न होते हुए भी संघ ने कुछ ऐसे अभियान अवश्य चलाए या उनमें सहभागिता की जिनका संबंध किसी तात्कालिक घटना से न होकर ऐसी बड़ी राष्ट्रीय या सामाजिक समस्या से था जिसका समाधान आवश्यक हो। यहां ऐसे कुछ अभियानों को भी स्मरण कर लेना उचित होगा।

गोहत्या निषेध–

1952 में राष्ट्रीय स्वयंसेवक संघ के आह्वान पर गोपाष्टमी के दिन से देश

में गोहत्या पर प्रतिबंध लगाने की मांग करते हुए देश के विभिन्न स्थानों पर जन-सभाएं आयोजित की गई और इस मांग के समर्थन में देश के गांव-गांव, नगर-नगर से हस्ताक्षर एकत्रित किए गए। मात्र एक माह की अवधि में ही पौने दो करोड़ हस्ताक्षर लेकर 8 दिसंबर के दिन सरसंघचालक श्री गुरुजी के हाथों राष्ट्रपति डॉ. राजेन्द्र प्रसाद को समर्पित किए गए।

सामाजिक समरसता की स्थापना-

संघ के स्वयंसेवक तो किसी भी प्रकार का जातिगत ऊंच-नीच या छुआछूत का भेदभाव नहीं मानते हैं और परस्पर प्रेमपूर्ण बंधुभाव रखते हैं, क़िंतु सारे समाज में ऐसी समरसता अभी स्थापित नहीं हो पाई है। अत: राष्ट्रीय स्तर पर समरसता का एक अभियान चलाया गया।

एकात्मक-रथ यात्रा-

कश्मीर से लेकर कन्याकुमारी तक और कच्छ से कामरूप तक संपूर्ण देश की जनता में एकता का भाव जागृत करने के लिए भारत माता के भव्य चित्र और गंगाजल के विशाल कलश लेकर 1983 में तीन बड़ी एकात्मता-रथ यात्राएं और अनेक उपयात्राएं आयोजित की गईं।

देश भर में करोड़ों लोगों ने इस यात्रा के अपने नगर अथवा गांव में पहुंचने पर भारत माता और गंगा माता की पूजा की तथा गंगा जल का प्रसाद पाया। लोगों का लाया हुआ देश भर की नदियों का पवित्र जल दूसरे कलश (जलकुंभ) में एकत्रित किया गया।

राष्ट्रीय मान बिंदुओं की रक्षा और पुनरुद्धार हेतु-

धर्मध्वंसी आक्रमणकारियों ने हमारे राष्ट्रीय मान-बिंदुओं का अपमान करके हमारे मनोबल और आस्था को कुचलने के लिए हमारे अनेकानेक आस्था केंद्रों को ध्वस्त कर उन पर मस्जिद जैसे ढांचे या कब्रिस्तान बना दिए। संघ इन आस्था केंद्रों और इनमें से भी विशेष रूप से अयोध्या में श्रीराम-जन्मस्थान, मथुरा में श्रीकृष्ण-जन्मस्थान और काशी में काशी-विश्वनाथ के स्थान की वापसी और उन्हें उनके महत्त्व के अनुरूप गारिमा प्रदान करने का प्रबल

समर्थक रहा है। इस हेतु किए जाने वाले जन-जागरण अभियानों और न्यायपूर्ण प्रयायों में स्वयंसेवकों की सक्रिय सहभागिता रही है।

जनजीवन पर संघ का प्रभाव–

संघ-कार्य का जैसे-जैसे विस्तार हुआ है, समाज में देशभक्ति, एकता की भावना, आत्मविश्वास और राष्ट्रीय गौरवबोध जैसे गुणों की वृद्धि हुई है, लेकिन अभी उनके लिए और अधिक परिश्रम करना होगा। फिर भी ये तो ऐसे गुण हैं जिनसे संघ-कार्य का सीधा संबंध है, किंतु रोचक बात यह है कि संघ के परोक्ष प्रभाव से समाज में नैतिक परिवर्तन आता भी स्पष्ट देखा जा सकता है।

राष्ट्र-जीवन के विविध क्षेत्रों में स्वयंसेवकों ने जो कार्य प्रारंभ किए हैं उन्होंने तो उन-उन क्षेत्रों में न्यूनाधिक विचार-क्रांति ही ला दी है।

•••